ウィズコロナ社会における経済と経営

Economy and Management in With Corona Society

著者：IPOC、薩摩公認会計士事務所

はじめに

　私ども株式会社IPOCは、非上場企業の資金調達に関する会計などのプロフェッショナルサービスを提供させていただく専門家集団です。と同時に各種専門家と連携し、非上場企業の皆様に経済・経営に関する情報やノウハウを提供していくことも業務の一環として位置付けています。そこで、今回の「新型コロナウイルス感染症（COVID-19）」の社会・経済・経営への影響に関しても情報発信を行うことにし、薩摩公認会計士事務所の薩摩嘉則先生を中心に会計・法務・税務それぞれの分野の専門家に執筆を依頼し、この本にまとめあげました。

　昨年来の新型コロナウイルス感染症との闘いにおいて、日本は諸外国のように「ロックダウン（都市封鎖）」を実施しなかったにもかかわらず、感染者数ならびに死亡者数が圧倒的に少なく、結果としてコロナ禍の第1波を乗り切った感があります。山中伸弥京都大学iPS細胞研究所所長はこの現象を「ファクターX」と呼び、原因の特定ができていないとしています。

　他方、諸外国においては、新型コロナウイルス感染症はいまだ猛威を振るいつづけています。江戸時代のように〝鎖国〟ができない以上、新種のコロナウイルスの侵入を防ぐのは難しいので、当然、第2波、第3波の到来にも備えなければなりません。また、新型コロナウイルス感染症は、たんに感染症としての問題にとどまらず、私たちの社会・経済・経営全般に甚大な影響を及ぼしつづけるでしょう。まさに、これから長い「ウィズコロナ社会」がはじまるのです。本書がこの時代を生き抜くための〝道標〟として、ひとりでも多くの方のお役に立つことを願っております。

2020年8月吉日

株式会社IPOC

代表取締役　公認会計士　河本高希

Contents

コロナ新常態社会の到来

第1章　コロナ新常態社会の到来

ウィズコロナ社会の到来

　新型コロナウイルス感染症は、たんにヒトの身体への感染症にとどまらず、私たちの社会・経済・経営全般に甚大な影響を及ぼしています。たとえば、それらは以下のように整理することができます。

- ・ヒトの身体において何が？　　━━━▶　『サイトカインストーム』
- ・日本の社会において何が？　　━━▶　『新常態（ニューノーマル）』
- ・日本の経済において何が？　　━━▶　『コロナバブル』
- ・日本の経営において何が？　　━━▶　『コロナ恐慌』

　本書はこうした「ウィズコロナ社会」における道案内の試みとしてまとめたものですが、道案内のためには全体を俯瞰する地図が不可欠です。そこで、その俯瞰図とするために、まずはつぎの図1を示しておきたいと思います。

〈図1〉 ウィズコロナ社会における要因関係俯瞰図

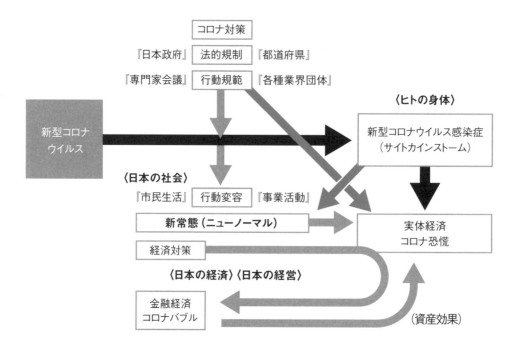

また、この図の俯瞰図を方程式であらわすとつぎの6つとなります。

- 方程式1：**コロナ方程式（本章参照）**

  新型コロナウイルス感染症＝コロナ風邪＋CRS

- 方程式2：**金融経済方程式（第3章参照）**

  $$y = \frac{1}{R} MV$$

- 方程式3：**実体経済方程式（第3章参照）**

  $$Y = PT$$

- 方程式4：**7割経営下における営業損失計算式（第4章参照）**

  （損益分岐点売上高－売上高）×限界利益率＝営業損失

- 方程式5：**7割経営下におけるマイナス営業キャッシュフロー計算式（第4章参照）**

  （収支分岐点売上高－売上高）×限界利益率＝マイナス営業キャッシュフロー

- 方程式6：**自己資本劣化対応方程式（第5章参照）**

  $$自己資本比率 = \frac{1}{1＋負債／BIS規制上の自己資本}$$

　私たちはこれらの方程式を解くことによって、現在の日本社会、ひいては世界で起こっているさまざまな「ファクターX」（はじめに参照）についての「解」を得ることができると信じています。そして、本書ではその「解」を求めるための分析・検討を詳述していきます。まずはその1丁目1番地ということで、「新型コロナウイルス（SARS-CoV-2）」と「新型コロナウイルス感染症（COVID-19）」について記していきたいと思います。

新型コロナウイルス感染症とは

　国立研究開発法人量子科学技術研究開発機構の平野俊夫理事長（前大阪大学総長）は、北海道大学遺伝子病制御研究所の村上正晃教授とともに2020年4月15日付で共同論文（後述）を発表しました。それによると、新型コロナウイルスにともなう致死的な急性呼吸器不全症候群（ARDS：Acute Respiratory Distress Syndrome／ウイルスや細菌感染による肺炎や誤嚥性肺炎などにより生じ、重篤な呼吸器不全にいたる症候群）は、サイトカイン（免疫系細胞から分泌されるタンパク質）ストームにより発症するサイトカインリリース症候群（CRS：Cytokine Release Syndrome／サイトカインストームの結果、臓器機能が不全となる症候群）であるとのことです。具体的には、遺伝子の転写因子であるSTAT3とNF-kBの同時活性化にともない、IL-6（インターロイキン6：代表的な炎症性サイトカインの増幅回路が活性化されて生じる免疫系の過剰な生体

防御反応）の増幅回路（IL-6アンプ）が活性化され、IL-6の産生が異常に増加し、免疫系の過剰な生体防御反応が発生しているというわけです。しかも、IL-6アンプの活性化にはポジティブフィードバック機能（活性化することによりNF-kBを過剰産生し、自身をさらに活性化する機能）があるため、いったん活性化すると致死的急性呼吸器不全症候群にいたる危険性をはらんでいるそうです。

　こうしたことに鑑み、この論文はIL-6アンプを治療薬の標的にすることが有望であるとともに、IL-6-STAT3経路（下図参照）の阻害が有効であると指摘。その結論として、抗IL-6受容体抗体（IL-6を標的＝抗原とする単一の抗原特異性を有するモノクローナル抗体のひとつ）などのIL-6-STAT3経路阻害薬で感染症を治療できる可能性が高いとしています。

〈図2〉致死的急性呼吸器不全症候群の図示

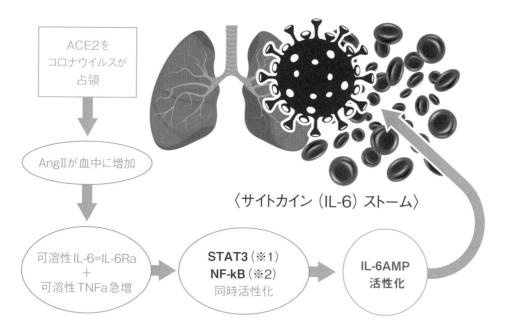

（図2中※1）STAT3（Signal Transducer and Activator Transcription 3）:DNAの遺伝子情報を転写する転写因子。IL-6により活性化し、細胞核内においてNF-kBと会同・同時活性化によりIL-6アンプを駆動。
（図2中※2）炎症反応で中心的な役割をはたす転写因子。NF-kBの活性化でIL-6などが発現されるが、病気を引き起こすような過剰な活性化はNF-kB活性化と同時にIL-6-STAT3経路の活性化が必要。なお、NF-kBの活性化を誘導する因子にはTFNaなどがある。

　また、症状が重症化するには一定の条件があるため、平野理事長は「重症化を抑えることさえできれば、コロナはただの風邪に過ぎない」と述べています。端的にいえば、新型コロナウイルス感染症は、以下の2Stepで重症化する感染症であるとのことです。

方程式1：コロナ方程式

新型コロナウイルス感染症＝Step1＋Step2（重症化プロセス）

Step1：新型コロナウイルス（SARS-CoV-2）による風邪

⇒一般のウイルスによる風邪と同様の症状

Step2：サイトカインリリース症候群（CRS）

⇒過剰免疫による致死的急性呼吸器不全症候群

　他方、NHKスペシャル「新型コロナウイルス ビッグデータで闘う」（5月17日）では、総合コーディネーターを務めた京都大学iPS細胞研究所所長の山中伸弥教授が以下の点を紹介しました。

（1）発生以来の5カ月間で、新型コロナウイルスはすでに5000種類以上の変異を遂げている（このうち、日本に渡来したのは「アジア型（武漢型）」と「欧米型」）とのこと。

（2）受容体ACE2（エース2：血圧を上げる作用があるAngⅡを減少させる効果を有するペプチターゼ）は、全身の血管に存在しており、新型コロナウイルスによる致死的炎症は、肺以外の全身の多臓器において発生する恐れがあること。

（3）日本においてBCGの予防接種による免疫力のアップが功を奏しているという説は、都市伝説ではなく、論文レベルの議論がなされているということ。

　新型コロナウイルス感染症に関しては、これらにかぎらず、つぎつぎとあらたな情報がアップデートされているので、当面は専門家の発言などを注視し、その動向に目を光らせておく必要があるでしょう。

新型コロナウイルス感染症の感染拡大に関する考え方

　つぎに感染者数などから、新型コロナウイルス感染症について分析してみたいと思います。世界各国の新型コロナウイルス感染症の感染者数／死者数（2020年5月31日／米ジョンズ・ホプキンス大学調べ）と厚生労働省が発表する数値を比較したのが次頁の表1です。感染者比率及び死亡者比率が以下の式によって算定されています。

感染者比率（％）＝感染者数÷総人口数×100

死亡者比率（％）＝死亡者数÷感染者数×100

　表1のとおり、日本の感染者数及び死亡者数とそれらの比率はともに低く、一見すると安倍晋三総理が述べているように、先進国のなかでも最優秀であるように見えます。ですが、この結果を額面通り受け止めてよいものでしょうか。たとえば、わが国のPCR検査などにおいて「無症状感染者」をどれだけ正確に感染者数に含めてカウントできているか、といった問題があります。今後もこういった点に注意しながら、公表データに接することが重要になってくるでしょう。

（表1）世界各国の新型コロナ感染者数／死亡者数（上位20カ国及び日本）

順位	国名	総人口数（千人）	感染者数		死亡者数	
			数（人）	比率	数（人）	比率
1	米国	329,065	1,770,384	0.54	103,781	5.86
2	ブラジル	211,050	498,440	0.24	28,834	5.78
3	ロシア	145,872	396,575	0.27	4,555	1.15
4	英国	67,530	274,219	0.41	38,458	14.02
5	スペイン	46,737	239,228	0.51	27,125	11.34
6	イタリア	60,550	232,664	0.38	33,340	14.33
7	フランス	65,130	188,752	0.29	28,774	15.24
8	ドイツ	83,517	183,189	0.22	8,530	4.66
9	インド	1,366,418	182,490	0.01	5,186	2.84
10	トルコ	83,430	163,103	0.20	4,515	2.77
11	ペルー	32,510	155,671	0.48	4,371	2.81
12	イラン	82,914	148,950	0.18	7,734	5.19
13	チリ	18,750	94,858	0.51	997	1.05
14	カナダ	37,411	91,681	0.25	7,159	7.81
15	メキシコ	126,190	87,512	0.07	9,779	11.17
16	中国	1,433,784	84,126	0.01	4,638	5.5
17	サウジアラビア	34,269	83,384	0.24	480	0.58
18	パキスタン	207,770	69,496	0.00	1,483	2.13
19	ベルギー	11,539	58,186	0.50	9,453	**16.25**
20	カタール	2,780	55,262	**1.99**	36	0.07
	日本	126,860	16,663	0.01	897	5.38
	世界全体	7,700,000	6,064,778	0.08	369,254	6.09

新型コロナウイルス感染症拡大防止対策について

　では、新型コロナウイルス感染症拡大防止対策はどのようにすすめられているのでしょうか。現時点ではフェーズ1：感染拡大を防ぐ対策、フェーズ2：感染者を発見する対策、フェーズ3：感染者を収容する対策、フェーズ4：感染者を治療する対策に分けられているので、それぞれのフェーズごとのポイントを端的にまとめてみたいと思います。

フェーズ1：感染拡大を防ぐ対策

　新型コロナウイルス感染症の拡大を防ぐ対策は「行政レベル」「事業活動レベル」「市民生活レベル」に階

層化されるとともに、「感染状況が厳しい時期（パンデミック期）」と「新規感染者数が限定的となった時期（エンデミック期）」によって異なります。

　具体的な対策については後述しますが、現状はかなり厳しい状況にあります。たとえば、5月13日にはロイター通信やBBCなどの外電が「WHOの憂鬱な警告『新型コロナ、永遠に死なない〝エンデミック〟になる可能性も』」と報道。さらに5月14日付の中央日報日本語版によると、WHOの緊急事態対応を担当するマイク・ライアン氏は、この日のオンライン記者会見で「新型コロナウイルスがエイズウイルス（HIV）のように消滅しないかもしれない。新型コロナウイルスも地域社会でのエンデミックになりかねない。HIVが消えていないように」と強調。つづけて「現在世界的に新型コロナウイルスワクチンが100件ほど研究中だが、ワクチンが開発されても疾病が消えるのではない。たとえば、はしかの場合、予防接種が日常化されているがまだ患者が出ている。したがって新型コロナ問題をより冷静で現実的に見る必要がある。この病気がいつ消えるのか、はたして消えることはあるのか、予測できる人はいない。この病気は長期的問題として定着するかもしれない。HIVにしても消えておらず、私たちはこれを受け入れる方法を学んだに過ぎない」と述べたそうです。今後、世界がウイズコロナの時代に突入するであろうことを示唆したコメントといえるでしょう。

フェーズ2：感染者を発見する対策

　感染者を発見する対策は、適時・適切な検査の実施につきます。では、現在導入されている新型コロナウイルス感染症の検査方法はどうなっているのでしょうか。下表にまとめたので、まずはこちらをご覧ください。

（表2）新型コロナウイルス感染症の検査方法

略称	正式名称	検査内容
抗体検査	同左	指などから少量の血液を採取して、すでに新型コロナウイルス感染症への感染を経て体内に抗体が取得されたか否かを検査する方法。理論的には、すべての感染者を検出可能。
PCR検査	ポリメラーゼ連鎖反応法 （Polymerase Chain Reaction）	鼻や喉の奥の粘膜から検体を採取して遺伝子を試薬で増幅、新型コロナウイルス感染症に特有の塩基配列が検出されるか否かで"陽性""陰性"を判定する方法。
LAMP法	Loopamp法	栄研化学㈱（東京都台東区）製の体外診断用医薬品「Loopamp®新型コロナウイルス2019（SARS-CoV-2）検出試薬キット」を用いた検査法。
抗原法	同左	富士レビオ㈱（東京都八王子市）製の新型コロナウイルス抗原検出用キット「エスプラインSARS-CoV-2」を用いた検査法。

このように、さまざまな検査方法があるものの、現在、新型コロナウイルス感染症の主な検査方法はPCR検査となっています。そして、日本政府はこれまで以下の受診条件に基づき、PCR検査を制限的に実施してきました。

「37.5℃以上の発熱や風邪症状が4日以上継続している者であって、以下の①～③の何れかに該当する者」

①PCR検査陽性者の濃厚接触者

②流行地域への渡航歴のある者

③流行地域への渡航歴のある者の濃厚接触者

ですが、この受診条件に則った場合、無症状感染者を発見することは困難です。新型コロナウイルス感染症拡大の第2波を防ぐには、無症状感染者の発見こそが肝要であり、「PCR検査受診条件」の見直しが望まれます。

フェーズ3：感染者を収容する対策

新型コロナウイルス感染症感染者が必要とする病床などの本来あるべきマッチング関係は下表の通りです。ここで示されたあるべき関係を維持することで、いわゆる「医療崩壊」を防ぐことができるとされています。

（表3）確認感染者の本来あるべき病床種類と治療Unit等のマッチング表

区分	発症有無	発症程度	病床種類	治療Unit	特別医療機器
1	無症状者		感染症病床		
2	発症者	軽症者	同上		
3		中等症者	同上	MCU（※3）	
4		重症者		HCU（※4）	人工呼吸器
5		重篤者		ICU（※5）	エクモ（※6）

（表中 ※3）MCU（mid care unit）：HCUと一般病棟の中間的なケアを行う病院内の診療単位の1種。

（表中 ※4）HCU（high care unit）：重症患者の容体を24時間体制で管理・治療を実施する病院内の診療単位の1種。

（表中 ※5）Intensive Care Unit（集中治療室）：集中治療のための濃密な診療体制とモニタリング用機器、生命維持装置等の高度の診療機器を整備した病院内の診療単位の1種。

（表中 ※6）ECMO：Extracorporeal Membrane Oxygenation（体外式膜型人工肺）。人工肺とポンプを用いた体外循環回路による治療装置で、重症呼吸・循環不全患者の呼吸や循環回路が自発的に回復するまでの間に用いられる。人工呼吸器は肺の機能を補助するものだが、ECMOは肺の機能を代替することができるため、重篤な患者に対して使われる。

フェーズ4：感染者を治療する対策

感染者を治療するには、新型コロナウイルス感染症の治療薬を開発するしかありません。しかしながら、新型コロナウイルス感染症治療に向けた完全な新薬開発には時間がかかりすぎるため、ほかの疾病用医薬品の転

用 (ドラッグリポジショニング) による開発がすすめられています (ワクチン開発を除く)。ここで、前出した以下の関係式を思い出してみてほしいと思います。各治療薬候補は、Step1と2を標的とするものに分かれます。

新型コロナウイルス感染症＝ 　Step1：新型コロナウイルスによる風邪
　　　　　　　　　　　　　　　　　　＋
　　　　　　　　　　　　　　Step2：サイトカインリリース症候群 (CRS)

　研究開発中の治療薬候補は、上記関係式の**Step1・Step2**のどちらを標的にするかで大きく分かれます。そして、創薬手法を考慮すると、下表に記載した4つのタイプに分類されます。

(表4) 新型コロナウイルス感染症治療薬候補タイプ別分類

No.	1	2	3	4
薬品タイプ	ワクチン (抗原薬)	抗ウイルス薬 (ゲノム創薬)	抗体医薬	サイトカイン 制御薬
標的	Step1	Step1	Step1	Step2
期待薬効	抗体形成による 無症状化	コロナウイルスの 複製阻害	抗体投入による 無症状化	CRSの抑制
創薬手法	古典的手法	現代的手法	現代的手法	現代的手法
薬源物質	COVID-19抗原	化合物	ポリクローナル抗体 (※7)	モノクローナル抗体 (※7)
薬源由来	体外由来物質 (SARS-CoV-2)	体外由来物質	体内由来物質 (回復者血漿)	体内由来物質
代表的薬品名	COVID-19ワクチン	レムデシビル	免疫グロブリン	アクテムラ
開発会社名	ジョンソン・エンド・ ジョンソン	ギリアド・サイエンシズ	武田薬品工業	ロシュ
開発国	米国	米国	日本	スイス

(表中 ※7) モノクローナル抗体:単一の抗体産生細胞に由来するクローンから得られた抗体あるいは抗体分子。通常の抗体 (ポリクローナル抗体) は、いろいろな抗体分子種の混合物となるが、モノクローナル抗体は抗体分子種が均一。

　さまざまなタイプの治療薬があることがおわかりになれたかと思いますので、つぎにこの表に記載した治療薬について、もう少し詳細に紹介していきたいと思います。

〈Step1 をターゲットとする治療薬〉

　Step1 をターゲットとするのは、表4のNo.1〜3の治療薬となります。目指す薬効は、新型コロナウイルス自体の弱体化または殲滅です。そこで、まず分類No.1のワクチン（抗原薬）から紹介したいと思います。そもそも、ワクチンとは無毒化したり、弱毒化したりした病原体の抗原のこと。これを接種することで、病原体に対する抗体（特定の細胞や組織にだけ作用するタンパク質）の産生が促され、感染症に対する免疫力を高めることができます。日本では、BCGワクチン、ポリオワクチン、種痘（天然痘）、麻疹ワクチン、風疹ワクチン、流行性耳下腺炎ワクチン（おたふく風邪）、麻疹・風疹混合ワクチン（MRワクチン）、水痘ワクチン（帯状疱疹）、黄熱ワクチン、ロタウイルスワクチン、インフルエンザワクチン、肺炎球菌ワクチン、Hibワクチン（インフルエンザ菌b型ワクチンの略称）、狂犬病ワクチン、コレラワクチン、百日咳ワクチン、肝炎ウイルスワクチン、ヒトパピローマウイルスワクチン（HPVワクチン）などが承認されています。

　他方、欧米各国ではすでにCOVID-19ワクチンの開発が積極的にすすめられています。その先進的な取り組みのひとつがワープ・スピード作戦です。ワクチンの有効性が正式に確認される前から生産体制を整えられるように企業に資金を供与するというもので、2021年1月までに数億本（米国の全人口に相当）の供給を目指しているそうです。また、個別の企業の動きとしては、米国のジョンソン・エンド・ジョンソンが2021年初めの供給を目指して治験をすすめているほか、英国の製薬大手であるアストラゼネカとオックスフォード大学がワクチン開発で提携し、2020年9月に10億回分の供給を目指しています。

　つづいて、分類No.2の抗ウイルス薬について紹介したいと思います。抗ウイルス薬の代表格といえるのは、ゲノム創薬手法により開発されたレムデシビル（エボラ出血熱治療薬）ならびにアビガン（インフルエンザ治療薬）です。いずれもドラッグリポジショニングにより新型コロナ抗ウイルス薬（ウイルスの自己複製を阻害するタイプの治療薬）に転用すべく、治験がすすめられています。

　分類No.3の抗体医薬とは、抗体を投与あるいは大量に発生させることで病気の症状を抑制する医薬品のことを意味します。新型コロナウイルス感染症に対する抗体医薬としては、回復者血漿から免疫グロブリンを分離して治療薬とする回復者血漿治療薬が有望視されています。

〈Step2 をターゲットとする治療薬〉

　Step2 をターゲットとするのは、分類No.4のサイトカイン制御薬となります。なかでも注目されているのが、ヒト化抗IL-6受容体抗体薬「アクテムラ」です。IL-6の過剰産生による免疫疾患や炎症性疾患（リウマチなどの疾患）の治療薬として開発された抗体医薬であり、ドラッグリポジショニングにより、IL-6-STAT3経路（新型コロナウイルス感染症におけるサイトカインリリース症候群の発生原因）を阻害することが期待されています。

コロナ新常態とは何か

　先述した新型コロナウイルス感染症拡大防止対策のなかの「フェーズ１：感染拡大を防ぐ対策」は、制度的には後述する「法的規制」と「行動規範」から構成されます。そして「法的規制」と「行動規範」の定着にともなう「行動変容」の常態化を、本書では「コロナ新常態（ニューノーマル）」と呼称します。

　ちなみに、アメリカで「ニューノーマル（New Normal）」という言葉が新しい概念として経済関係者の間で流行語となったのは、PIMCO代表のモハメド・エラリアン氏が金融危機後の2010年に「Navigating the New Normal in Industrial Countries（産業諸国におけるニューノーマルをナビゲートする）」と題した講演を行ってからです。その後、この言葉はABCニュース、BBCニュース、ニューヨーク・タイムズ紙などで取り上げられ拡散しました。また、中国においては2014年に7％まで鈍化した経済成長率を踏まえて、中国共産党中央委員会総書記の習近平氏が「中国が新常態に入りつつある」と述べ、英語の「New Normal」に相当するものとして注目されました。こうして「ニューノーマル」という言葉は、さまざまな文脈で用いられるようになり、「かつては異常とされていたような事態がありふれた当然のものとなっていることを意味する」ようになっていったのです。新型コロナウイルス感染症により行動変容をきたした今の社会は、まさに「コロナ新常態（ニューノーマル）社会」といえるのではないでしょうか。

コロナ新常態下における社会

　コロナ新常態下における社会とは、本章の冒頭で示した図１ウィズコロナ社会における要因関係俯瞰図のうち、以下を切り出した部分のことです。

〈図3〉「コロナ新常態下における社会」の俯瞰図

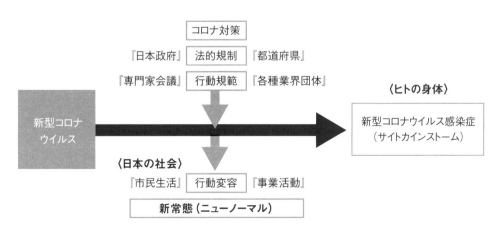

　政府がコロナ対策として実施する法的規制と市民生活レベル・事業活動レベルで自主的に実施される行動規範は、いずれも新型コロナウイルス感染症の感染拡大防止にあります。ところが、それを徹底することにより、「市民生活」ならびに「事業活動」において「行動変容」が生じてしまうことに注意しなければなりません（図3の青色で示した下向きの矢印。経済・経営に対するプラス効果とマイナス効果の両面を含む）。「法的規制」は日本政府ならびに都道府県が実施し、「行動規範」は専門家会議ならびに各種業界団体が立案・公示しますが、これらが相まって「市民生活レベル」と「事業活動レベル」における「行動変容」を促すのです。そして、この「行動変容」が不可逆的に進行していくことで、「コロナ新常態（ニューノーマル）社会」が常態化していくと思われます。

新型コロナウイルス感染症対策の全体スキーム

　新型コロナウイルス感染症の感染状況による画期は、WHO流に表現すると「パンデミック期」と「エンデミック期」であり、日本政府流に表現すると「感染状況が厳しい時期」と「新規感染者数が限定的となった時期」となります。
　そして、これらの表現をひとつにまとめると下図4のようになります
（【参考1】地域別の新型コロナウイルス感染症対策（イメージ）参照）。

〈図4〉 パンデミック期とエンデミック期の循環

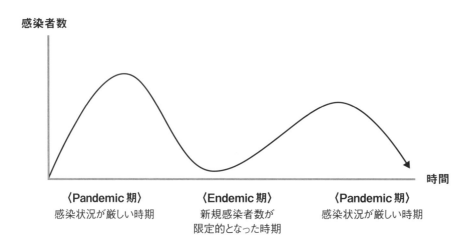

「感染状況が厳しい時期（パンデミック期）」の新型コロナウイルス感染症対策は下記の「行政レベル」による法的規制が主流であり、「新規感染者数が限定的となった時期（エンデミック期）」においては法的規制が緩和されて下記の「事業活動レベル」「市民生活レベル」の行動規範に移行することになります。

「行政レベル」：日本政府ならびに都道府県による法的規制
「事業活動レベル」：専門家会議が立案・公示する「提言」ならびに各種業界団体が立案・公示する「ガイドライン」
「市民生活レベル」：厚労省 HP に公示されている「新しい生活様式」の実践例（【参考2】参照）
　　　　　　　　　これらの画期的分水嶺となるのは、後述する「緊急事態宣言」です。その発動・解除が新型コロナウイルス感染症対策の適用を著しく促すことになります。

新型コロナウイルス感染症に対する法的措置等の流れ

　では、行政レベルで実施されてきた法的規制は今回、どのように推移し、機能してきたのでしょうか。つづいてそのあたりを検証していきたいと思います。
　まず 2020 年 1 月 15 日に日本で最初の新型コロナウイルス感染症感染者が確認されて以降の「法的措置等の流れ」を追ってみたいと思います。

（1）改正特措法（【参考3】参照）施行（2020 年 3 月 14 日）
（2）専門家会議が提言を発表（同年 3 月 19 日）
（3）新型コロナウイルス感染症政府対策本部設置（同年 3 月 26 日）
（4）基本的対処方針（【参考4】参照）決定（同年 3 月 28 日）
（5）新型コロナウイルス感染症緊急事態宣言（同年 4 月 7 日）
（6）新型コロナウイルス感染症緊急事態宣言延長（同年 5 月 4 日）
（7）新型コロナウイルス感染症緊急事態宣言の縮小（同年 5 月 14 日）
（8）新型コロナウイルス感染症緊急事態解除宣言（同年 5 月 25 日）

　なお、内閣告示である「新型コロナウイルス感染症対策の基本的対処方針」は、3 月 28 日の閣議決定以来、4 月 7 日、11 日、17 日、5 月 4 日、14 日、21 日、25 日の日付の閣議で変更されています（ゴシックが重要変更）。また、専門家会議は 3 月 19 日に第 1 回目の「新型コロナウイルス感染症対策の状況分析・提言」を発表して以降、4 月 1 日、22 日、5 月 1 日、4 日、14 日、29 日の日付であらたに提言を発表しています（ゴシックが重要提言）。

緊急事態宣言と緊急事態措置

　こうしたなか、2020年4月7日に改正特措法第32条第1項に基づく「緊急事態宣言」が出され、緊急事態措置が発動されました。その仕組みについては、図5をご確認ください。

〈図5〉 緊急事態宣言下における新型コロナウイルス感染症対策の仕組み

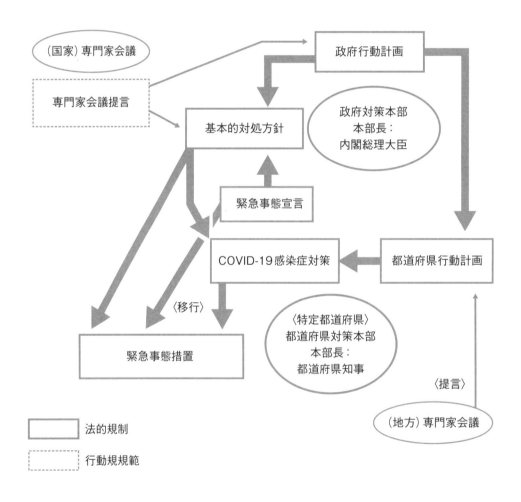

　その後、緊急事態宣言はゴールデンウイーク中の「ステイホーム」の徹底をはかるべく、5月4日に改正特措法第32条第3項に基づき、延長されました。そして、日々の感染確認者数が激減したとの判断の下、5月25

日に緊急事態解除宣言が出されました（改正特措法第32条第5項）。ただし、改正特措法の立付け上、対策本部ならびに基本的対処方針は、存置されたままの仕組みとなっています。緊急事態解除宣言時の新型コロナウイルス感染症対策の実施の仕組みは、下図6のとおりです。なお、下図5～7中の「（国家）専門家会議」は、2020年7月6日付で、「新型コロナウイルス感染症対策分科会」に改組されています。

〈図6〉 緊急事態解除宣言時の新型コロナウイルス感染症対策の仕組み

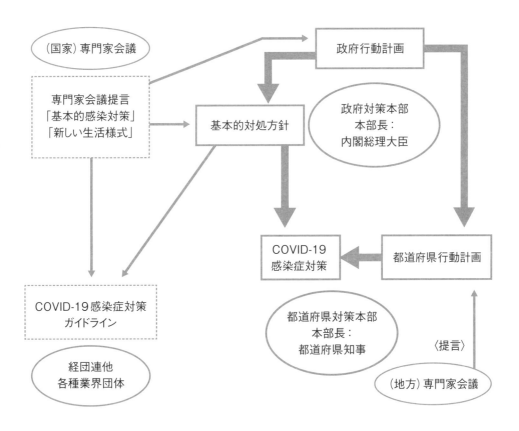

　図5と6を比較していただくと、「法的規制」が緩和され、非強制的・自主的な「行動規範」が幅をきかせてきていることがご理解いただけるかと思います。ちなみに、「法的規制」と「行動規範」の連結環の役割をはたすのが「基本的対処方針」であり、行動規範の中核を担っているのが「専門家会議（分科会）の提言」ということになります。

「基本的対処方針」と「専門家会議の提言」

　つぎに緊急事態解除宣言後の行動規範の構成について確認していきたいと思います。緊急事態解除宣言後の行動規範は以下の4つのレベルから構成されます。

・レベル1：新型コロナウイルス感染症対策の基本的対処方針
・レベル2：新型コロナウイルス感染症対策の状況分析・提言
・レベル3：新型コロナウイルス感染予防対策経団連ガイドライン
　　　　　　（経団連ガイドライン）
・レベル4：新型コロナウイルス感染予防対策各業界ガイドライン
　　　　　　（各業界団体ガイドライン）

　このレベル1〜4の構造について図示したものが図7です。

〈図7〉緊急事態解除宣言後の行動規範の仕組み

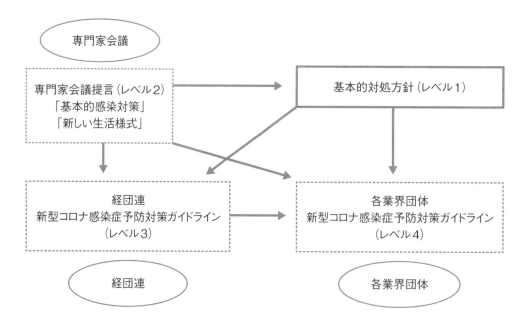

　ちなみに、これらの行動規範のなかには大幅にアップデートを行っているものもあります。レベル1の「新型コロナウイルス感染症対策の基本的対処方針」（政府新型コロナウイルス感染症対策本部／https://corona.go.jp/news/news_20200411_53.html／2020年5月14日変更版）に関しては2020年5月4日版から大きな変更はなく、緊急事態宣言の解除後の「基本的感染対策」と「新しい生活様式」の励行が強調され

ている程度ですが、たとえばレベル2の「新型コロナウイルス感染症対策の状況分析・提言」（専門家会議／ https://www.mhlw.go.jp/stf/seisakunitsuite/bunya/0000121431_00093.html ／2020年5月14日（以下、「5月14日版『提言』」））についてはかなり大幅な加筆が見られます。

　詳細は上記のURLからご覧いただくとして、以下に示した目次のうち、黄色で塗った部分が、5月14日版「提言」で大きく追加記載された部分です。緊急事態措置が解除されたことにともない、行動規範への委任部分が著増していることがわかります。

---

1. はじめに
2. 感染状況等の評価について
　　（1）感染状況（疫学的状況）
　　（2）医療提供体制
　　（3）総括
3. 緊急事態措置の解除の考え方について
　　（1）感染の状況（疫学的状況）
　　（2）医療提供体制（医療状況）
　　（3）検査体制の構築
4. 再指定の考え方とモニタリングの必要性について
　　（1）再指定の考え方について
　　（2）感染状況等に対するモニタリングの必要性について
5. 社会経済活動と感染拡大防止の両立に当っての基本的考えについて
　　（1）特定警戒都道府県等からの対策移行の際の基本的対処方針
　　　　①市民生活：「新しい生活様式の実践例」
　　　　②事業活動：「業種ごとの感染拡大予防ガイドライン」
　　（2）地域のリスク評価（地域区分）に応じた対応の必要性
　　（3）社会経済活動と感染拡大防止の両立を阻む偏見と差別について
6. 感染拡大・医療崩壊の防止に向けた対策について
　　（1）保健所の体制強化
　　（2）クラスター対策の強化
　　（3）病原体検査体制の整備・PCR等検査の体制整備・陽性率の定義の統一
　　（4）医療提供体制の確保
　　（5）医薬品等の状況
　　　　①治療薬等
　　　　②抗原検査
7. おわりに

新型コロナウイルス感染症に関する法的規制の概要

　感染症については感染症法という法律が定められています。これは公衆衛生の向上及び増進をはかるために、感染症の予防及び感染症の患者に対する医療に関して必要な措置を定めたものです。新型コロナウイルス感染症に関しては、国内の感染者がまだ少なかった2020年1月28日の時点で、感染症法の指定感染症として政令によって指定され、感染症法の適用を受けることになりました（その後、緊急性が明らかになったことから、施行は2月1日からとなりました）。こうして出入国管理法の適用が可能となったほか、検疫法でも政令によって新型コロナウイルス感染症を対象としたことにより、水際対策が講じられることになったのです。

　ただ、出入国管理法では、感染症の患者しか入国拒否することができません。そこで、政府は2月6日の閣議了解によって、出入国管理法5条1項14号で定める「その他法務大臣において日本国の利益又は公安を害する行為を行うおそれがあると認めるに足りる相当の理由がある者」として、同感染症がまん延している地域からの入国も拒否することにしました。

　また、出国については究極の場合において旅券法で規制することができますが、それだけでは十分ではありません。そこで、外務省は感染症がまん延している地域を危険地域であると呼びかけ、出国する人たちの自主規制を促すことにしました。

　しかし、それからほどなくして新型コロナウイルス感染症には無症状の患者がいるということがわかり、政府は2020年2月13日に種々の政令を公布し、感染症法や検疫法を無症状のウイルス保有者にも適用し、また、法的には根拠がない自粛要請や休校要請にも着手していきました。

　ところが、新型コロナウイルス感染症はさらに拡大し、国民の生命及び健康に重大な影響を与えることが懸念される状況になっていきました。そこで、今度は特措法（新規な感染症で予防接種もできない状況で急速にまん延していく新型インフルエンザに備えた法律）を改正し、新型コロナウイルス感染症に適用することにしました。こうして2020年3月10日に改正特措法は提出され、3月12日に衆議院、3月13日に参議院で可決され、即日公布されました。そして、4月7日に緊急事態宣言が出され、法律に基づく自粛要請がなされたのです。

改正特措法の特徴とは

　では、改正特措法にはどのような特徴があるのでしょうか。端的にいえば、その差はほとんどありません。改正特措法は特措法の「新型インフルエンザ」を、時限的に「新型コロナウイルス」と附則をもって読み替えるだけのものであり、法律の中身は特措法と同じです。そこで、まずは特措法そのものの制定過程とその内容から説明していきたいと思います。

　事の起こりは2009年4月、アメリカ・メキシコを中心に豚を由来とするヒトからヒトへ感染するインフルエンザ

（A/H1N1）が発生し、同年5月8日にはアメリカから成田空港に到着した乗客4人に感染が確認され、その8日後には兵庫県神戸市で日本国内最初の感染患者の発生が確認されました。当然、政府（民主党政権下）は感染拡大に関してさまざまな対策を講じましたが、法的根拠がないなかでの試行となりました。幸い、季節性インフルエンザと異なる特別な対策が必要とされないことがわかり事なきを得ましたが、多くの人がその免疫を持たない新型インフルエンザがおよそ10年から40年の周期で発生するといわれるなかで、これは大きな反省点となりました。そして、このときの対策をまとめた2010年6月の「新型インフルエンザ（A/H1N1）対策総括会議報告書」において「感染症対策全般のあり方（感染症の類型、医療機関のあり方など）について、国際保健規則や地方自治体、関係学会等の意見も踏まえながら、必要に応じて感染症法や予防接種法の見直しを行う等、各種対策の法的根拠の明確化を図る」ことが提言されたのです。

こうした背景のもと、2011年9月に「新型インフルエンザ対策行動計画」が改定。さらに、全国知事会から地方公共団体の長の権限を明確にするよう法令整備を求められたことを受けて、新型インフルエンザ等対策特別措置法案が国会に提出され、2012年4月24日に成立、5月11日に公布、2013年4月13日から施行されたのです。

では、この特措法の内容にはどのような特徴があるのでしょうか。そもそも、この法律は新型インフルエンザなどが全国的かつ急速にまん延し、病状の程度が重篤となるおそれがあり、かつ国民生活及び国民経済に重大な影響を及ぼすおそれがあることに鑑み、①新型インフルエンザ等対策の実施に関する計画②新型インフルエンザ等の発生時における措置③新型インフルエンザ等緊急事態措置④その他新型インフルエンザ等に関する事項について特別の措置を定めたものであり、感染症法やその他新型インフルエンザ等の発生の予防及びまん延の防止に関する法律と相まって、国民の生命及び健康を保護するとともに、国民生活及び国民経済に及ぼす影響が最小となるようにすることを目的としています。

特措法内で定められた具体的な①から④の措置の手順については、つぎのようになります。①で計画などを備え、新型インフルエンザが発生した場合には②の措置をとります。しかし、これが国内で発生し、その全国的かつ急速なまん延により国民生活及び国民経済に甚大な影響を及ぼし、またはそのおそれがある「新型インフルエンザ等緊急事態」が発生したときには③の措置がとられることとなります。

ちなみに、特措法ではとくに基本的人権の尊重について留意すべく、「国民の自由と権利が尊重されるべきことに鑑み、新型インフルエンザ等対策を実施する場合において、国民の自由と権利に制限が加えられるときであっても、その制限は当該新型インフルエンザ等対策を実施するため必要最小限のものでなければならない」（特措法5条）と定められています。そのため、私権の制限をともなう措置はきわめて限定されています。

新型インフルエンザ等対策の実施に関する計画

ここからは特措法における措置をより詳細に紹介していきたいと思います。まず①の「新型インフルエンザ等

対策の実施に関する計画」（以下「政府行動計画」）についてです。これは政府が新型インフルエンザの発生前に備えておくべきもので、その内容はつぎのようになっています（6条2項）。

1号　新型インフルエンザ等対策の実施に関する基本的な方針

2号　国が実施する次に掲げる措置に関する事項

　　イ　新型インフルエンザ等及び感染症法第6条第7項に規定する新型インフルエンザ等感染症に変異するおそれが高い動物のインフルエンザの外国及び国内における発生の状況、動向及び原因の情報収集

　　ロ　新型インフルエンザ等に関する情報の地方公共団体、指定公共機関、事業者及び国民への適切な方法による提供

　　ハ　新型インフルエンザ等が国内において初めて発生した場合における第16条第8項に規定する政府現地対策本部による新型インフルエンザ等対策の総合的な推進

　　ニ　検疫、第28条第3項に規定する特定接種の実施その他の新型インフルエンザ等のまん延の防止に関する措置

　　ホ　医療の提供体制の確保のための総合調整

　　ヘ　生活関連物資の価格の安定のための措置その他の国民生活及び国民経済の安定に関する措置

3号　第28条第1項第1号の規定による厚生労働大臣の登録の基準に関する事項

4号　都道府県及び指定公共機関がそれぞれ次条第1項に規定する都道府県行動計画及び第9条第1項に規定する業務計画を作成する際の基準となるべき事項

5号　新型インフルエンザ等対策を実施するための体制に関する事項

6号　新型インフルエンザ等対策の実施に当たっての地方公共団体相互の広域的な連携協力その他の関係機関相互の連携協力の確保に関する事項

7号　前各号に掲げるもののほか、新型インフルエンザ等対策の実施に関し必要な事項

　なお、政府行動計画は専門家の意見を聞いて、必要に応じ地方公共団体からの意見も取り入れて、閣議決定され、国会へ報告されることになっています（同条4-7項）。実際、このような手続きを経て2013年6月7日に、政府行動計画は策定されています（https://www.mhlw.go.jp/bunya/kenkou/kekkaku-kansenshou01/dl/jichitai20131118-02u.pdf）。ちなみに、この政府行動計画は改正特措法においても、新型コロナウイルス対策のものとして読み替えられていますが、その基本的な考え方は以下のようになっています。「Ⅱ-2. 新型インフルエンザ等対策の基本的考え方」を抜粋しますので、一読してみてください。

Ⅱ‐2. 新型インフルエンザ等対策の基本的考え方

　新型インフルエンザ等対策は、発生の段階や状況の変化に応じて柔軟に対応していく必要があることを念頭に置かなければならない。過去のインフルエンザのパンデミックの経験等を踏まえると、一つの対策に偏重して準備を行うことは、大きなリスクを背負うことになりかねない。本政府行動計画は、病原性の高い新型インフルエンザ等への対応を念頭に置きつつ、発生した感染症の特性を踏まえ、病原性が低い場合等様々な状況で対応できるよう、対策の選択肢を示すものである。

　そこで、我が国においては、科学的知見及び各国の対策も視野に入れながら、我が国の地理的な条件、大都市への人口集中、交通機関の発達度等の社会状況、医療体制、受診行動の特徴等の国民性も考慮しつつ、各種対策を総合的・効果的に組み合わせてバランスのとれた戦略を目指すこととする。その上で、新型インフルエンザ等の発生前から流行が収まるまでの状況に応じて、次の点を柱とする一連の流れをもった戦略を確立する。（具体的な対策については、Ⅲ. において、発生段階ごとに記載する）

　なお、実際に新型インフルエンザ等が発生した際には、病原性・感染力等の病原体の特徴、流行の状況、地域の特性、その他の状況を踏まえ、人権への配慮や、対策の有効性、実行可能性及び対策そのものが国民生活及び国民経済に与える影響等を総合的に勘案し、行動計画等で記載するもののうちから、実施すべき対策を選択し決定する。

● 発生前の段階では、水際対策（注：水際対策は、あくまでも国内発生をできるだけ遅らせる効果を期待して行われるものであり、ウイルスの侵入を完全に防ぐための対策ではない）の実施体制の構築、抗インフルエンザウイルス薬等の備蓄や地域における医療体制の整備、ワクチンの研究・開発と供給体制の整備、国民に対する啓発や政府・企業による事業継続計画等の策定など、発生に備えた事前の準備を周到に行っておくことが重要である。

● 世界で新型インフルエンザ等が発生した段階では、直ちに、対策実施のための体制に切り替える。
　新型インフルエンザ等が海外で発生した場合、病原体の国内への侵入を防ぐことは不可能であるということを前提として対策を策定することが必要である。海外で発生している段階で、国内の万全の体制を構築するためには、我が国が島国であるとの特性を生かし、検疫の強化等により、病原体の国内侵入の時期をできる限り遅らせることが重要である。

● 国内の発生当初の段階では、患者の入院措置や抗インフルエンザウイルス薬等による治療、感染のおそれのある者の外出自粛やその者に対する抗インフルエンザウイルス薬の予防投与の検討、病原性に応じては、不要不急の外出の自粛要請や施設の使用制限等を行い、感染拡大のスピードをできる限り抑えることを目的とした各般の対策を講ずる。

● なお、国内外の発生当初などの病原性・感染力等に関する情報が限られている場合には、過去の知見等も踏まえ最も被害が大きい場合を想定し、強力な対策を実施するが、常に新しい情報を収集し、対策の必要性を評価し、更なる情報が得られ次第、適切な対策へと切り替えることとする。また、状況の進展に応じて、

　必要性の低下した対策についてはその縮小・中止を図るなど見直しを行うこととする。

● 国内で感染が拡大した段階では、国、地方公共団体、事業者等は相互に連携して、医療の確保や国民生活・国民経済の維持のために最大限の努力を行う必要があるが、社会は緊張し、いろいろな事態が生じることが想定される。したがって、あらかじめ決めておいたとおりにはいかないことが考えられ、社会の状況を把握し、状況に応じて臨機応変に対処していくことが求められる。

● 事態によっては、地域の実情等に応じて、都道府県や各省等が新型インフルエンザ等対策本部（以下「政府対策本部」）と協議の上、柔軟に対策を講じることができるようにし、医療機関を含めた現場が動きやすくなるような配慮・工夫を行う。

　国民の生命及び健康に著しく重大な被害を与えるおそれがある新型インフルエンザ等への対策は、不要不急の外出の自粛要請、施設の使用制限等の要請、各事業者における業務縮小等による接触機会の抑制など医療対応以外の感染対策と、ワクチンや抗インフルエンザウイルス薬等を含めた医療対応を組み合わせて総合的に行うことが必要である。

　特に、医療対応以外の感染対策については、社会全体で取り組むことにより効果が期待されるものであり、全ての事業者が自発的に職場における感染予防に取り組むことはもちろん、感染拡大を防止する観点から、継続する重要業務を絞り込むなどの対策を実施することについて積極的に検討することが重要である。

　事業者の従業員のり患等により、一定期間、事業者のサービス提供水準が相当程度低下する可能性を許容すべきことを国民に呼びかけることも必要である。

　また、新型インフルエンザ等のまん延による医療体制の限界や社会的混乱を回避するためには、国、都道府県、市町村、指定（地方）公共機関による対策だけでは限界があり、事業者や国民一人一人が、感染予防や感染拡大防止のための適切な行動や備蓄などの準備を行うことが必要である。新型インフルエンザ等対策は、日頃からの手洗いなど、季節性インフルエンザに対する対策が基本となる。特に、治療薬やワクチンが無い可能性が高いSARSのような新感染症が発生した場合、公衆衛生対策がより重要である。（抜粋は以上）

　ちなみに、地方自治体もこの政府行動計画に基づいた対応をとることになります。政府行動計画に基づき、都道府県知事は都道府県行動計画を策定し（7条1項）、市町村長は市町村行動計画を策定していくのです（8条1項）。そして、指定公共機関または指定地方公共機関（各省庁、日銀など／2条1項4号、6号）もこれらの行動計画に基づき、その業務に関し、業務計画を策定します（9条1項）。

　たとえば、大阪市では2006年1月に政府行動計画に基づいて「大阪市新型インフルエンザ対策行動計画」を策定しています（病原性の低いウイルスに対しても、臨機応変な対策を効果的に実施できるよう、2010年4月改定／https://www.city.osaka.lg.jp/kenko/cmsfiles/contents/0000023/23639/H26.10koudoukeikaku.pdf）。また、財務省では2010年6月に発生時の業務区分や業務体制、マスクの着用など新型インフルエンザ等が発生した後の業務継続に必要な細かな計画を定めた「財務省業務継続計画（新

型インフルエンザ等対応）」を策定しています（最終改定2017年5月／https://www.mof.go.jp/about_mof/other/other/influ_bcp20170526.pdf）。

新型インフルエンザ等の発生時における措置

つづいて、特措法の措置の②としてあげられている「新型インフルエンザ等の発生時における措置」について説明します。新型インフルエンザ等の感染症や新感染症が発生したと認められたときは、厚生労働大臣は速やかにその旨及び発生した地域を公表するとともに、当該感染症について情報の公表を行うほか、病原体の検査方法や症状、診断及び治療、感染の防止の方法、さらにはこの法律の規定により実施する措置、その他の感染症の発生の予防またはそのまん延の防止に必要な情報などを、新聞や放送、インターネット、その他適切な方法により逐次公表しなければなりません（感染症法44条の4、44条の6）。そして、感染症法に基づいて、厚生労働大臣が新型インフルエンザ等が発生したことを公表するときには、内閣総理大臣に対して新型インフルエンザ等の発生の状況、新型インフルエンザ等にかかった場合の病状の程度、その他の必要な情報の報告をしなければなりません（特措法14条）。

ちなみに、新型コロナウイルス感染症については、改正特措法が定められたときにはすでに発生していたため、報告のタイミングを「新型コロナウイルス感染症にあっては、そのまん延のおそれが高いと認めるとき」としています（改正特措法附則1条の2 2項）。

つぎに、内閣総理大臣は厚生労働大臣からの報告を受けて、既存のインフルエンザにかかった場合の病状に比しておおむね同程度以下であると認められる場合を除き、閣議にかけて、臨時に内閣に新型インフルエンザ等対策本部（以下「政府対策本部」）を設置します（15条1項）。内閣の機関の設置には法律が必要ですが（内閣法12条）、特措法により法律ではなく閣議決定で政府対策本部が設置できることになっています。

一方、政府対策本部は政府行動計画に基づき、原則としてあらかじめ感染症に関する専門的な知識を有する者やその他の学識経験者の意見を聞いてから、新型インフルエンザ等への基本的な対処の方針（以下「基本的対処方針」）を定めます。この基本的対処方針においては、つぎに掲げる事項が定められます。（18条）

1号　新型インフルエンザ等の発生の状況に関する事実
2号　当該新型インフルエンザ等への対処に関する全般的な方針
3号　新型インフルエンザ等対策の実施に関する重要事項

また、新型インフルエンザ等が発生した場合、政府対策本部は以下のような措置をとることもできます。

イ　特定接種（28条）

政府対策本部長（16条1項により内閣総理大臣）は、医療の提供ならびに国民生活及び国民経済の安定を確保するため緊急の必要があると認めるときは、厚生労働大臣に対し、つぎに掲げる措置を講ずるよう指示することができます。

1号 医療の提供の業務又は国民生活及び国民経済の安定に寄与する業務を行う事業者であって厚生労働大臣の定めるところにより厚生労働大臣の登録を受けているもの（以下「登録事業者」）のこれらの業務に従事する者、並びに新型インフルエンザ等対策の実施に携わる国家公務員に対し、臨時に予防接種を行うこと。

2号 新型インフルエンザ等対策の実施に携わる地方公務員に対し、臨時に予防接種を行うよう、当該地方公務員の所属する都道府県又は市町村の長に指示すること。

もちろん、これらの予防接種の登録や実施に必要な労務または施設の確保、その他必要な協力については、登録事業者や都道府県知事、市町村長及び各省各庁の長に対して求めることができ、求められた者は正当な理由がないかぎり、協力を拒んではなりません。

また、停留に必要な施設の使用にあたっては、つぎのような権限をもって臨むことができるようになっています。

ロ 停留に必要な施設の使用（29条）

厚生労働大臣は外国において新型インフルエンザ等が発生した場合には、発生国における新型インフルエンザ等の発生及びまん延の状況ならびにわが国における検疫所の設備の状況、停留（検疫法第14条第1項第2号に掲げる措置）をされるべき者の増加、その他の事情を勘案し、検疫を適切に行うため必要があると認めるときは、検疫港及び検疫飛行場のうち、発生国を発航し、または発生国に寄航して来航しようとする船舶または航空機に係る検疫を行うべきもの（以下「特定検疫港等」）を定めることができます。そして、特定検疫港等において検疫を行う検疫所長は、特定検疫港等において検疫をされるべきものが増加し、停留を行うための施設の不足により停留を行うことが困難であると認められる場合において、病院もしくは診療所もしくは宿泊施設（以下「特定病院等」）の管理者が正当な理由がないのに委託等を拒んだ場合などでも、強制的に当該特定病院等を使用することができます。

ハ 外国の船舶等の運行の制限の要請（30条）

厚生労働大臣はロの措置を講じても停留を行うことが著しく困難であると認められ、新型インフルエンザ等の病原体が船舶または航空機を介して国内に侵入することを防止できないおそれがあるときは、政府対策本部長に対し、その旨を報告しなければなりません。そして、この報告を踏まえて、政府対策本部長は新型インフルエンザ等の国内における発生を防止し、国民の生命及び健康に対する著しく

重大な被害の発生ならびに国民生活及び国民経済の混乱を回避するため緊急の必要があると認めるときは、国際的な連携を確保しつつ、特定船舶等の運航を行う事業者に対し、当該特定船舶等の来航を制限するよう要請することができ、その場合はこれを遅滞なく公表します。

　二　医療又は特定接種の実施の要請（31条）
　都道府県知事は新型インフルエンザ等の患者または新型インフルエンザ等にかかっていると疑うに足りる正当な理由のある者（以下「患者等」）に対する医療の提供を行うため必要があると認めるときは、医師、看護師、その他の医療関係者（以下「医療関係者」）に対し、その場所及び期間、その他の必要な事項を示して、当該患者等に対する医療を行うよう要請することができます。また、厚生労働大臣及び都道府県知事は、特定接種を行うため必要があると認めるときは、医療関係者に対し、その場所及び期間、その他の必要な事項を示して、当該特定接種の実施に関して必要な協力を要請することができます。

新型インフルエンザ等緊急事態措置

　最後に③の「新型インフルエンザ等緊急事態措置」について紹介します。本件について、政府対策本部長は新型インフルエンザ等（国民の生命及び健康に著しく重大な被害を与えるおそれがあるものとして政令で定める要件（政令6条1項に該当するものにかぎる））が国内で発生し、その全国的かつ急速なまん延により国民生活及び国民経済に甚大な影響を及ぼし、またはそのおそれがあるものとして政令で定める要件（政令6条2項）に該当する事態（以下「新型インフルエンザ等緊急事態」）が発生したと認めるときは、新型インフルエンザ等緊急事態が発生した旨及びつぎの1号から3号の事項の公示（「新型インフルエンザ等緊急事態宣言」）をし、その旨及び当該事項を国会に報告するものと定められています（32条1項）。

1号　新型インフルエンザ等緊急事態措置を実施すべき期間（2年を超えない）
2号　新型インフルエンザ等緊急事態措置（第46条の規定による住民に対する予防接種の措置を除く）を実施すべき区域
3号　新型インフルエンザ等緊急事態の概要

　また、これらの要件は特措法施行令（新型インフルエンザ等対策特別措置法施行令（2013年政令第122号、施行日2016年4月1日））において、つぎのように定められています。
　　6条1項　新型インフルエンザ等についての政令で定める要件は、当該新型インフルエンザ等にかかった場合における肺炎、多臓器不全又は脳症その他厚生労働大臣が定める重篤である症例の発

生頻度が、従前のインフルエンザにかかった場合に比して相当程度高いと認められることとする。

2項　新型インフルエンザ等緊急事態についての政令で定める要件は、次に掲げる場合のいずれかに該当することとする。

1号　感染症法第15条第1項又は第2項の規定による質問又は調査の結果、新型インフルエンザの感染者等（＊）が新型インフルエンザ等に感染し、又は感染したおそれがある経路が特定できない場合

＊新型インフルエンザ等感染症の患者（当該患者であった者を含む）、感染症法第6条第10項に規定する疑似症患者（感染症の疑似症を呈している者）若しくは同条第11項に規定する無症状病原体保有者（感染症の病原体を保有している者であって当該感染症の症状を呈していないもの）（当該無症状病原体保有者であった者を含む）、同条第9項に規定する新感染症（全国的かつ急速なまん延のおそれのあるものに限る）の所見がある者（当該所見があった者を含む）、新型インフルエンザ等にかかっていると疑うに足りる正当な理由のある者（新型インフルエンザ等にかかっていたと疑うに足りる正当な理由のある者を含む）又は新型インフルエンザ等により死亡した者（新型インフルエンザ等により死亡したと疑われる者を含む）

2号　前号に掲げる場合のほか、感染症法第15条第1項又は第2項の規定による質問又は調査の結果、同号に規定する者が新型インフルエンザ等を公衆にまん延させるおそれがある行動をとっていた場合その他の新型インフルエンザ等の感染が拡大していると疑うに足りる正当な理由のある場合

　さらに、特措法においては、32条2項にて政府対策本部長が緊急事態措置を実施すべき期間として2年以内と定めています。しかし、緊急事態措置の1年以内の期間延長や区域の変更も認めており、その旨は公示し、国会に報告することを義務付けています（32条3項、4項）。また、緊急事態措置を実施する必要がなくなったと認められるときには、速やかに新型インフルエンザ等緊急事態解除宣言をし、国会に報告することが定められています（32条5項）。

　そのほか、緊急事態宣言やその変更の公示をしたときは、基本的対処方針を変更し、公示の後に必要とされる緊急事態措置の実施に関する重要な事項を定めなければなりません（32条6項）。また、この変更の際には18条によって専門家の意見を聞くことが定められています。

　つぎに緊急事態発生の際の措置を詳細に見ていきましょう。緊急事態発生の際の措置には、

・まん延の防止に対する措置
・医療の提供体制の確保に関する措置
・国民生活及び国民経済の安定に関する措置

　があり、具体的にはそれぞれつぎのようになっています。

●まん延の防止に対する措置（感染を防止するための協力要請等／45条）

　45条では新型インフルエンザ等緊急事態において、新型インフルエンザ等のまん延を防止し、国民の生命

及び健康を保護し、ならびに国民生活及び国民経済の混乱を回避するため必要があると認めるときに、特定都道府県知事が当該特定都道府県の住民に対し、新型インフルエンザ等の潜伏期間及び治癒までの期間ならびに発生の状況を考慮して当該特定都道府県知事が定める期間及び区域において、生活の維持に必要な場合を除きみだりに当該者の居宅またはこれに相当する場所から外出しないこと、その他の新型インフルエンザ等の感染の防止に必要な協力を要請することができるとされています。

　また、それと同時に、学校、社会福祉施設（通所または短期間の入所により利用されるものにかぎる）、興行場（興行場法第1条第1項に規定する興行場をいう）、その他の政令で定める多数の者が利用する施設を管理する者、または当該施設を使用して催物を開催する者（施設管理者等）に対し、新型インフルエンザ等の潜伏期間及び治癒までの期間を考慮して当該特定都道府県知事が定める期間において、当該施設の使用の制限もしくは停止または催物の開催の制限もしくは停止、その他政令で定める措置を講ずるよう要請できるとされています。

　なお、この場合に政令で定める多数の者が利用する施設とは、つぎのとおりです（特措法施行令11条1項／ただし、第3号から第13号までに掲げる施設にあっては、その建築物の床面積の合計が1000㎡を超えるものにかぎります）。

1号　学校（第3号に掲げるものを除く）

2号　保育所、介護老人保健施設その他これらに類する通所又は短期間の入所により利用される福祉サービス又は保健医療サービスを提供する施設（通所又は短期間の入所の用に供する部分に限る）

3号　学校教育法（昭和22年法律第26号）第1条に規定する大学、同法第124条に規定する専修学校（同法第125条第1項に規定する高等課程を除く）、同法第134条第1項に規定する各種学校その他これらに類する教育施設

4号　劇場、観覧場、映画館又は演芸場

5号　集会場又は公会堂

6号　展示場

7号　百貨店、マーケットその他の物品販売業を営む店舗（食品、医薬品、医療機器その他衛生用品、再生医療等製品又は燃料その他生活に欠くことができない物品として厚生労働大臣が定めるものの売場を除く）

8号　ホテル又は旅館（集会の用に供する部分に限る）

9号　体育館、水泳場、ボーリング場その他これらに類する運動施設又は遊技場

10号　博物館、美術館又は図書館

11号　キャバレー、ナイトクラブ、ダンスホールその他これらに類する遊興施設

12号　理髪店、質屋、貸衣装屋その他これらに類するサービス業を営む店舗

13号　自動車教習所、学習塾その他これらに類する学習支援業を営む施設

14号　第3号から前号までに掲げる施設であって、その建築物の床面積の合計が1000㎡を超えないもののうち、新型インフルエンザ等緊急事態において、新型インフルエンザ等の発生の状況、動向若しくは原因又は社会状況を踏まえ、新型インフルエンザ等のまん延を防止するため法第45条第2項の規定による要請を行うことが特に必要なものとして厚生労働大臣が定めて公示するもの

　そして、この場合においても、施設管理者等が正当な理由がないのにこの要請に応じないときは、当該施設管理者等に対して当該要請に係る措置を講ずべきことを指示することができ、遅滞なく、その旨を公表することが定められています。

　要請等の期間については、発生初期のおおむね1週間から2週間程度と想定されていましたが、具体的な適用は基本的対処方針において統一的な方針を事前に定めることが想定されています。また、施設管理者等に対する要請等については、その旨の周知を行うことにより、当該施設の利用者の合理的な行動が確保されるということを考え方の基本としていることから、違反者に対する罰則は設けられていません。さらに、施設の使用が新型インフルエンザ等の大規模なまん延の原因となることから制限が行われていること、新型インフルエンザ等緊急事態宣言中に新型インフルエンザ等のウイルスの潜伏期間等を考慮して行われるものであり、要請等の期間は一時的であること、指示を受けた施設管理者等は法的義務を負うが、罰則による担保等によって強制的に中止させるものではないことなどの理由から、公的補償の規定は設けられていません（衆議院・内閣委員会議録第5号（2012年3月23日）5-6頁、中川正春国務大臣の答弁参照）。

　また、まん延の防止に対する措置のなかには「住民に対する予防接種の実施」（46条）という項目もあります。46条によると、政府対策本部は新型インフルエンザ等緊急事態において、新型インフルエンザ等が国民の生命及び健康に著しく重大な被害を与え、国民生活及び国民経済の安定が損なわれることのないようにするため緊急の必要があると認めるときは、基本的対処方針を変更し、当該新型インフルエンザ等への対処に関する全般的な方針として、予防接種法の臨時に行う予防接種（予防接種法6条1項）として、その対象者及び期間を定めることができるようになっています。

●医療の提供体制の確保に関する措置

　医療の提供体制の確保に関する措置に関する条項については、つぎのとおりとなっています。

・医療等の確保（47条）

　病院その他の医療機関または医薬品等製造販売業者、医薬品等製造業者、医薬品等販売業者である指定公共機関及び指定地方公共機関は、新型インフルエンザ等緊急事態において、それぞれその業務計画で定めるところにより、医療または医薬品、医療機器もしくは再生医療等製品の製造もしくは販売を確保するため、

必要な措置を講じなければならないことになっています。

・臨時の医療施設等（48条）

　特定都道府県知事は当該特定都道府県の区域内において病院その他の医療機関が不足し、医療の提供に支障が生ずると認める場合には、その都道府県行動計画で定めるところにより、患者等に対する医療の提供を行うための施設であって特定都道府県知事が臨時に開設するもの（以下「臨時の医療施設」）において医療を提供しなければならないこととなっています。

・土地等の使用（49条）

　特定都道府県知事は当該特定都道府県の区域に係る新型インフルエンザ等緊急事態措置の実施にあたり、臨時の医療施設を開設するため、土地、家屋または物資（以下「土地等」）を使用する必要があると認めるときは、当該土地等の所有者及び占有者の同意を得て、当該土地等を使用することができます。また、この場合に土地等の所有者もしくは占有者が正当な理由がないのに同意をしないとき、または土地等の所有者もしくは占有者の所在が不明であるため同項の同意を求めることができないときは、特定都道府県知事は臨時の医療施設を開設するため、とくに必要があると認めるときにかぎり、同意を得ないで、当該土地等を使用することができることとされています。土地等の所有者らが賃料相当額を支払わないことを理由に使用に同意しない場合には、通常、正当な理由があると思われるので、この場合には補償がなされることになります（62条1項）。

●国民生活及び国民経済の安定に関する措置

　国民生活及び国民経済の安定に関する措置に関する条項はつぎのとおりとなっています。

・政令で定める特定物資の売渡しの要請・収用（55条）

　特定都道府県知事は新型インフルエンザ等緊急事態措置を実施するため必要があると認めるときは、新型インフルエンザ等緊急事態措置の実施に必要な物資（医薬品、食品、その他の政令で定める物資にかぎる）であって、生産、集荷、販売、配給、保管又は輸送を業とする者が取り扱うもの（以下「特定物資」）について、その所有者に対し、当該特定物資の売渡しを要請することができます。そして、特定物資の所有者が正当な理由がないのにこの要請に応じないときは、特定都道府県知事は新型インフルエンザ等緊急事態措置を実施するためとくに必要があると認めるときにかぎり、当該特定物資を収用することができるとされています。また、特定都道府県知事は新型インフルエンザ等緊急事態措置を実施するにあたり、特定物資を確保するため緊急の必要があると認めるときは、当該特定物資の生産、集荷、販売、配給、保管または輸送を業とする者に対し、その取り扱う特定物資の保管を命じることができます。重度の新型インフルエンザ等の発生時においては経済活動が縮小し、物資の調達が難しくなる場合が想定されますが、このような場合にも国民の生命と健康を確保するため、

特定都道府県知事に特定物質の収用、保管を命じる権限を付与するために、このような内容を規定したものと思われます。

なお、特措法施行令14条で、定められている特定物質は以下のとおりです。

1号　医薬品（抗インフルエンザ薬にあっては、厚生労働大臣が法第55条第4項の規定により自ら同条第1項から第3項までの規定による措置を行う場合に限る）

2号　食品

3号　医療機器その他衛生用品

4号　再生医療等製品

5号　燃料

6号　前各号に掲げるもののほか、新型インフルエンザ等緊急事態において、新型インフルエンザ等緊急事態措置の実施に必要な物資として内閣総理大臣が定めて公示するもの

・物やサービスの確保（52、53条）

新型インフルエンザ等緊急事態において、物やサービスの確保に関して、関連する事業者にはつぎのような業務計画が定められています（vの場合は、都道府県行動計画、市町村行動計画の場合もあります）。

(i) 電気事業者及びガス事業者である指定公共機関及び指定地方公共機関は、電気及びガスを安定的かつ適切に供給するため必要な措置を講じなければなりません。

(ii) 運送事業者である指定公共機関及び指定地方公共機関は、旅客及び貨物の運送を適切に実施するため必要な措置を講じなければなりません。

(iii) 電気通信事業者である指定公共機関及び指定地方公共機関は、通信を確保し、及び新型インフルエンザ等緊急事態措置の実施に必要な通信を優先的に取り扱うため必要な措置を講じなければなりません。

(iv) 郵便事業を営む者及び一般信書便事業者である指定公共機関及び指定地方公共機関は、郵便及び信書便を確保するため必要な措置を講じなければなりません。

(v) 水道事業者、水道用水供給事業者及び工業用水道事業者である地方公共団体及び指定地方公共機関は、水を安定的かつ適切に供給するため必要な措置を講じなければなりません。

・緊急物資の輸送（54条）

指定行政機関の長もしくは指定地方行政機関の長または特定都道府県知事は、新型インフルエンザ等緊急事態措置の実施のため緊急の必要があると認めるときは、指定公共機関または指定地方公共機関に対し、運送すべき物資ならびに運送すべき場所及び期日を示して、新型インフルエンザ等緊急事態措置の実施に必要な物資及び資材（「緊急物資」）の運送を要請することができます。

・埋葬及び火葬の特例等（56条）

　厚生労働大臣は新型インフルエンザ等緊急事態において、埋葬または火葬を円滑に行うことが困難となった場合において、公衆衛生上の危害の発生を防止するため緊急の必要があると認めるときは、厚生労働大臣の定める期間にかぎり、墓地、埋葬等に関する法律で許可が必要な埋葬等についての手続の特例を定めることができます。また、特定都道府県知事は埋葬または火葬を行おうとする者が埋葬または火葬を行うことが困難な場合、公衆衛生上の危害の発生を防止するため緊急の必要があると認めるときは、厚生労働大臣の定めるところにより、埋葬または火葬を行わなければならないとされています。

・新型インフルエンザ等の患者等の権利利益の保全等（57条）

　特定の災害時に特別に保全される被害者の権利利益を定めている特定非常災害の被害者の権利利益の保全等を図るための特別措置に関する法律のうち、2条（応急仮設住宅の入居者の居住の安定に資するための措置）、3条（行政上の権利利益に係る満了日の延長に関する措置）、4条（期限内に履行されなかった義務に係る免責に関する措置）、5条（債務超過を理由とする法人の破産手続開始の決定の特例に関する措置）、7条（民事調停法による調停の申立ての手数料の特例に関する措置）の規定が、新型インフルエンザ等緊急事態となった場合には、新型インフルエンザ等の患者等の権利利益の保全のために準用されることになります。

・金銭債務の支払猶予等（58条）

　内閣は新型インフルエンザ等緊急事態において、新型インフルエンザ等の急速かつ広範囲なまん延により経済活動が著しく停滞するなかで、国の経済の秩序を維持し、公共の福祉を確保するために緊急の必要がある場合において、国会が閉会中または衆議院が解散中であり、かつ臨時会の召集を決定し、または参議院の緊急集会を求めてその措置を待ついとまがないときは、金銭債務の支払（賃金その他の労働関係に基づく金銭債務の支払及びその支払のためにする銀行その他の金融機関の預金等の支払を除く）の延期及び権利の保存期間の延長について必要な措置を講ずるため、政令を制定することができます。

・生活関連物資等の価格の安定等（59条）

　指定行政機関の長及び指定地方行政機関の長ならびに地方公共団体の長は、新型インフルエンザ等緊急事態において、国民生活との関連性が高い物資・役務、または国民経済上重要な物資・役務の価格が高騰したり、供給不足が生じたり、生じるおそれがある場合には、政府行動計画、都道府県行動計画または市町村行動計画で定めるところにより、生活関連物資等の買占め及び売惜しみに対する緊急措置に関する法律、国民生活安定緊急措置法、物価統制令、その他法令の規定に基づく措置、その他適切な措置を講じなければならないとされています。

・新型インフルエンザ等緊急事態に関する融資（60条）

　政府関係金融機関、その他これに準ずる政令で定める金融機関は、新型インフルエンザ等緊急事態において、新型インフルエンザ等緊急事態に関する特別な金融を行い、償還期限または据置期間の延長、旧債の借換え、必要がある場合における利率の低減、その他実情に応じた適切な措置を講じるよう努めなければならないとされています。

・通貨及び金融の安定（61条）

　日本銀行は新型インフルエンザ等緊急事態において、その業務計画で定めるところにより、銀行券の発行ならびに通貨及び金融の調節を行うとともに、銀行やその他の金融機関の間で行われる資金決済の円滑な確保を通じ、信用秩序の維持に資するために必要な措置を講じなければならないとされています。

損失補償、弁償・損害賠償、国の負担

　特措法では損失補償などについても記載されているので、そのあたりについても示しておきたいと思います。

・損失補償

　国及び都道府県は、強制的に国民の財産を使用、収用等した場合について、当該処分により通常生じるとされる損失を補償しなければならないとされています。憲法29条においても財産権が保障され、私有財産は正当な補償の下に公共のために用いることができるとされていますが、その損失を補償することは人権保障上当然のこととなります。

　ちなみに、強制的な場合として想定されるのは、新型インフルエンザ等の発生時における措置のなかの検疫のための病院、宿泊施設等の使用（29条5項）、緊急事態措置のなかの臨時の医療施設を開設するための土地等の使用（49条2項）と特定物資の収容及び保管の処分（55条2、3項）などであり、この法律で国民の私的財産を強制的に使用することができるのはこの3つのケースだけということになります。

・患者等に対する医療等の実施に係る要請又は指示を受けた医療関係者に対する弁償と損害賠償

　新型インフルエンザ等の発生時における措置のうち、患者等に対する医療等の実施に係る要請または指示（31条1-3項）にしたがって、患者等に対する医療等を行う医療関係者に対しては、その実費を弁償しなければならないとされています（62条2項）。

　また、この要請または指示にしたがって患者等に対する医療の提供を行う医療関係者が、そのために死亡・負傷したり、もしくは疾病にかかったり、障害の状態となったりしたときには、その者またはその者の遺族もしくは被扶養者がこれらの原因によって受ける損害を補償しなければならないとされています（63条1項）。この補償制度は

医療従事者に対する感染のリスクがきわめて高いこと、患者への医療提供が感染拡大と新型インフルエンザ等の発生による健康被害を最小限に抑えるために非常に重要な業務であることなどを踏まえて設けられています。

・**国等の負担**

　国は都道府県が支弁する臨時の医療施設の開設及び同施設における医療の提供（48条１項）などに要する費用に対して、その都道府県の財政力に応じて国の負担のかさ上げを行うこととしています（69条１項）。また、予防接種に市町村が支弁する費用の国の負担部分（69条２項）や予防接種その他新型インフルエンザ等緊急事態に対処するために地方公共団体が支弁する費用に対し、必要な財政上の措置を講ずることとしています（70条）。

新型インフルエンザ等対策特別措置法の改正

　ここまで改正特措法のもとになっている特措法について詳述してきましたが、ここからはあらためて改正特措法に注目したいと思います。そもそも、先述したとおり、改正特措法の本則は特措法と変わらないので、ここではまず改正特措法において付け加えられた附則（１条の２：新型コロナウイルス感染症に関する特例）について紹介します。

　まず、付け加えられた１項では、新型コロナウイルス感染症については、改正特措法の施行の日から起算して２年を超えない範囲内において政令で定める日までの間は、特措法の新型インフルエンザ等とみなして、この法律及びこの法律に基づく命令（告示を含む）の規定を適用することが定められています。

　また、２項では特措法14条（新型インフルエンザ等の発生等に関する報告）において、厚生労働大臣から総理大臣への報告が「新型インフルエンザ等の発生のとき」に行われることとしているところを、「新型コロナウイルス感染症にあっては、そのまん延のおそれが高いと認めるとき」とする旨を定めています。

　そして最後に、３項では改正法の施行前に作成された特措法に基づく政府行動計画、都道府県行動計画、市町村行動計画及び業務計画（以下この項において「行動計画等」）に定められていた新型インフルエンザ等に関する事項は、新型コロナウイルス感染症に関する事項としても行動計画等に定められているものとみなすとしています。

特措法の改正の必要性

　そもそも、特措法は新型インフルエンザだけでなく「新感染症」（感染症法６条９項／人から人に伝染すると認められる疾病であって、すでに知られている感染性の疾病とその病状または治療の結果が明らかに異なるものであり、当該疾病にかかった場合の病状の程度が重篤であり、かつ、当該疾病のまん延により国民の生命

及び健康に重大な影響を与えるおそれがあると認められるもの）にも適用できるので、新型コロナウイルスを新感染症であると解することもできます。また、そのような解釈をすれば、わざわざ特措法を改正する必要もなく、迅速に新型コロナウイルス感染症に適用することができたはずです。

　しかし、政府はこの「明らかに異なる」という条文を「患者やウイルスの特定が困難な未知の感染症を想定したものである」と解釈し、SARSやMARSに似た特徴を持ち、ウイルスも特定されている新型コロナウイルス感染症は当てはまらないとの見解を示しています。また、特措法が私権の制限をともなう国民に広範な制限を課す法律であると考えると、「新感染症」を広く解釈することは特措法の適用範囲を広くし、国民の私権の制限を恣意的に強いることへの道を開くものとして厳に慎まなければならないという考え方もあります。さらに、政府はすでに2020年1月28日公布の新型コロナウイルスに係る政令で、新型コロナウイルス感染症を「新感染症」ではないという前提のもと、すでに知られている感染症の疾病であって、当該疾病のまん延により国民の生命及び健康に重大な影響を与えるおそれがある「指定感染症」に指定しているので、新型コロナウイルス感染症に特措法を適用するためにはこれを改正せざるを得なかったということができます。

　ただ、その一方で特措法の強制的な措置の余地はさほど大きくないので、迅速な未知の感染症対策のためには「新感染症」を広く捉えてもよいのではないかという考え方もあります。たしかに、今後も新しい感染症が続々と出てくることを考えると、「新感染症」についての解釈を広げておくこともひとつの選択肢ではないでしょうか。

　ともあれ、今回の改正特措法が十分に機能していたかといえば、正直、疑問が残るところです。実際、改正特措法が施行されるまでにも、閣議決定など法的根拠があいまいなままでの対策本部設置や、休校、自粛要請などがなされていました。改正特措法ができてからは新型コロナウイルス感染症対策本部が正式に改正特措法上の対策本部として設置されましたし、緊急事態宣言下の自粛要請も改正特措法を根拠とするものとなりました。しかし、自粛要請については何かしらの強制力が働くわけでもなく、法的根拠のなかった自粛要請とどれだけの違いがあったかはわかりません。今後は新型コロナウイルス感染症の拡大を防ぐために自粛要請が必要なのか、法的根拠のあるなしで自粛要請の効果は異なるのか（今回は国民に広く自粛要請が聞き入れられたとしても次回以降はどうなるのか）、強制力をともなう業務停止命令が必要か、業務停止命令には補償が必要か、補償の範囲をどうするかなどを詳細に議論し、あるべき感染症対策法を定めていく必要があります。

その他の法的規制について

　新型コロナウイルス感染症の対策には、改正特措法以外にもその適用が求められた法律があるので、ここではそういった法律を概観してみたいと思います。

・感染症法
　感染症の予防及び感染症の患者に対する医療に関して必要な措置を定めることにより、感染症の発生を予

防し、そのまん延の防止をはかり、公衆衛生の向上及び増進をはかることを目的としたものです（感染症法1条／以下本項において条数だけを示すのは感染症法）。

　基本指針等（2章）、感染症に関する情報の収集及び公表（3章）、感染症患者の就業制限その他の措置（4章）、消毒その他の措置（5章）、医療（6章）について定められているほか、感染症の病原体を媒介するおそれのある動物の輸入に関する措置（10章）、特定病原体等（11章）、費用負担（12章）などが定められており、一部違反には罰則（14章）が設けられています。

　感染症法では、一類感染症、二類感染症、三類感染症、四類感染症、五類感染症、新型インフルエンザ等感染症、指定感染症、新感染症といった具合に、感染の仕方や重篤度によって感染症を8つに分類しています。具体的には一類感染症はペストなど、二類感染症は結核など、三類感染症はコレラなどと法律によって特定されています。そして、四類感染症は狂犬病など、五類感染症は一般的なインフルエンザや梅毒などと法律で定められていますが、「既に知られている感染性の疾病であって、これらと同程度に国民の健康に影響を与えるおそれがあるもの」が出てきた場合には、「動物又はその死体、飲食物、衣類、寝具その他の物件を介して人に感染」するものは四類感染症として、それ以外は五類感染症として、政令によって追加されることが予定されています。

　そして、指定感染症は「すでに知られている感染性の疾病（一類感染症、二類感染症、三類感染症及び新型インフルエンザ等感染症を除く）であって、第3章から第7章までの規定の全部または一部を準用しなければ、当該疾病のまん延により国民の生命及び健康に重大な影響を与えるおそれがあるもの」として政令で定めるものとされており、新感染症は「人から人に伝染すると認められる疾病であって、すでに知られている感染性の疾病とその病状または治療の結果が明らかに異なるもので、当該疾病にかかった場合の病状の程度が重篤であり、かつ、当該疾病のまん延により国民の生命及び健康に重大な影響を与えるおそれがあると認められるもの」とされています。

　つまり、新感染症として感染症法が適用されるのは、①人から人に伝染すると認められる疾病であること②すでに知られている感染性の疾病とその病状または治療の結果が明らかに異なるものであること③当該疾病にかかった場合の病状の程度が重篤であること④当該疾病のまん延により国民の生命及び健康に重大な影響を与えるおそれがあることとなりますが、新型コロナ感染症については、政府は先述したとおり、②の要件を欠いていると判断しています。

　新型コロナウイルス感染症については、新型コロナウイルス感染症を指定感染症として定める等の政令（2020年1月28日政令第11号／以下「指定感染症政令」）によって、感染症法6条8項の指定感染症として定められています（政令1条）。また、期間については施行の日以降同日から起算して1年を経過する日までとされ（同2条）、準用する法律が定められました（同3条）。なお、この政令では感染症法8条1項が準用され、新型コロナウイルス感染症に類似する症状の者については、感染症法上の入院措置や公費による適切な医療等を受けることができましたが、3項が準用されておらず、新型コロナウイルス感染症の無症状病原体保有者は感染症法上措置が受けられませんでした。そのため、しばらくは無症状病原体保有者に入院を要請し、公

費による医療費の負担ができない状況でしたが、①世界的な新型コロナウイルス感染症の拡大②クルーズ船内での感染事例の発生③無症状病原体保有者の発見といった状況を踏まえて、2月12日に包括的かつ機動的な水際対策を可能とするための入国管理に係る閣議了解の見直しが行われました（以下「2月12日閣議了解見直し」）。そして、これを受けて政府は、指定感染症政令を8条3項も新型コロナウイルス感染症に準用するように改正しました（新型コロナウイルス感染症を指定感染症として定める等の政令の一部を改正する政令（2020年2月13日政令第30号））。

・**検疫法**

　検疫法は水際対策に必要な法律であり、国内に常在しない感染症の病原体が船舶または航空機を介して国内に侵入することを防止するとともに、船舶または航空機に関してその他の感染症の予防に必要な措置を講ずることを目的としています（検疫法1条／以下本項において条数だけを示すものは検疫法）。

　検疫法が適用される感染症にはいくつかの種類があります。一般的に検疫法が適用される感染症を検疫感染症といい、これには感染症法の一類感染症（2条1号）、新型インフルエンザ等感染症（2条2号）と、国内に常在しない感染症のうちその病原体が国内に侵入することを防止するためその病原体の有無に関する検査が必要なものとして政令で定めるもの（2条3号）があります。検疫感染症に関し、検疫所長は質問（12条）、診察及び検査（13条）、陸揚等の指示（13条の2）、消毒（14条1項3号）等をすることができます。しかし、患者を隔離したり、感染症の病原体に感染したおそれのある者を停留したりすることは、一類感染症（2条1号）、新型インフルエンザ等感染症（2条2号）では認められますが、3号で定めた感染症患者等には適用されません（14条1項1号、2号、15条、16条）。このほか、検疫法では厚生労働大臣が「外国に検疫感染症以外の感染症が発生し、これについて検疫を行わなければ、その病原体が国内に侵入し、国民の生命及び健康に重大な影響を与えるおそれがあるとき」は、政令で感染症の種類を指定し、1年以内の期間にかぎり、感染症法の一部を準用することができるようになっています（34条）。

　ところで政府は当初、新型コロナウイルス感染症について検疫法施行令の一部を改正する政令（2020年1月28日政令第12号）で、2条3号の感染症と指定していました。しかし、2月12日閣議了解見直しを受けて、検疫法第34条の感染症の種類と指定する等の政令（2020年2月13日政令第28号）と検疫法施行令の一部改正（2020年2月13日政令第29号）によって、新型コロナウイルス感染症を2条3号の感染症から外すことを公布しました。そのなかで、34条の政令で定める期間は、この政令の施行の日以後同日から起算して1年を経過する日までとし、感染症法2条の2（2項を除く）、第2章（法7条、16条第1項ならびに18条2項及び3項を除く）ならびに法28条から33条まで及び41条の規定（これらの規定に基づく命令の規定を含む）を準用することとしました（新型インフルエンザ等感染症（2条2号）に準じた取り扱いをしています）。この政令は2月14日から施行され、感染症の病原体に感染したおそれのある者についても隔離や停留も可能となりました。

　なお、検疫段階で感染症の病原体に感染したおそれのある者とまでいえない者については、2週間の自宅待

機を要請していますが、これには法的根拠がなく、たんなる要請にすぎません。

・出入国管理法

　出入国管理法は水際対策に関するもうひとつの主要な法律であり、本邦に入国、本邦から出国するすべての人の出入国及び本邦に在留するすべての外国人の在留の公正な管理をはかるとともに、難民の認定手続を整備することを目的としています（出入国管理法１条／以下本項において条数だけを示すものは出入国管理法）。

　この出入国管理法の５条では上陸を拒否できる外国人を定めており、感染症法に定める一類感染症、二類感染症、新型インフルエンザ等感染症もしくは指定感染症の患者、新感染症の所見がある者に対しては、上陸を拒否できるとしています。

　ただし、今回は新型コロナウイルスが指定感染症とされていなかった期間があり、その期間中は上陸の拒否ができませんでした（指定感染症に指定された後は、その患者に対しては上陸拒否ができるようになりました）。また、無症状病原体保有者に対しては政令の改正があってから、ようやく上陸を拒否できるようになりました。

　しかし本来、水際対策として重要なのは、感染している可能性がある外国人を上陸させないことです。これについては、５条１項14号の解釈で上陸拒否をすることになりました。その根拠となるのは「その他法務大臣において日本国の利益又は公安を害する行為を行うおそれがあると認めるに足りる相当の理由がある者」という一文であり、新型コロナウイルス感染症に関し、政府は大胆にこの規定を適用することにしたのです（2020年２月６日閣議了解）。

・出国関係

　外務省は対象地域ごとに４つのカテゴリーで「危険情報」を出しており、新型コロナウイルス感染症においてもそのまん延具合によって、危険度を示して情報発信しています。しかし、これは渡航・滞在にあたってとくに注意が必要と考えられる国・地域に発出される情報にすぎません。中長期的な観点からその国の治安情勢をはじめとした政治社会情勢等を総合的に判断し、それぞれの国・地域に応じた安全対策の目安を伝えるものではありますが、法的な拘束力はありません。

　渡航関係で法的対処ができるのは、旅券法19条１項となります。そこには「外務大臣又は領事官は、次に掲げる場合において、旅券を返納させる必要があると認めるときは、旅券の名義人に対して、期限を付けて、旅券の返納を命ずることができる」とされており、同項４号は「旅券の名義人の生命、身体又は財産の保護のために渡航を中止させる必要があると認められる場合」を定めています。しかし、日本人が新型コロナウイルスがまん延している地域に渡航しようとした場合に、外務大臣や領事官が「渡航の自由という憲法上の権利を制限した」というクレームをつけられるリスクを負ってまでも旅券の返納を命じるかといえば、かならずしもそうはしないと思います。

現実にとられた規制

新型コロナウイルス感染症対策本部（以下、この項では「対策本部」）が緊急事態宣言が解除されるまでにとった法に基づく規制、その他の規制について、時系列に沿って概観してみます。

2020年1月30日

対策本部設置（閣議決定）。このときの状況は、9名の患者のうち、武漢市（中国）での滞在歴がない患者が2名いたこと、そして無症状であるにもかかわらず陽性反応が出た人が2名いたことから、これまで実施してきた水際対策などのフェーズを強化する必要があるというものでした。

1月31日（昼）

未明に、世界保健機関（WHO）から、新型コロナウイルス感染症が国際的に懸念される公衆衛生上の緊急事態、いわゆるPHEIC（フェイク）に該当するとの宣言がなされました。これを受けて、すでに公布した新型コロナウイルスに関連する感染症を感染症法上の指定感染症に指定する政令（2020年1月28日政令第11号）について、持ち回り閣議により、施行日を当初の2月7日から2月1日にして（2020年1月31日政令第22号）、入管法5条1項1号の指定感染症に指定しました。

1月31日（夜）

湖北省（中国）に滞在歴を有する外国人の日本への入国を制限するため、出入国管理及び難民認定法第5条第1項第14号が定める日本国の利益又は公安を害する行為を行うおそれがあると認めるに足りる相当の理由があるものとして上陸拒否をすることが閣議決定され、2月1日から実施されました。

2月6日

香港を出港し、船舶内で感染症が発生しているおそれがあるクルーズ船「ウエステルダム号」に乗船している外国人についても、出入国管理法5条1項第14号を適用して、上陸を拒否することとし、持ち回りにて閣議了解をしました（結局、ウエステルダム号は入港しませんでした）。

2月7日

新型コロナウイルス感染症対策アドバイザリーボード（専門家会議の前身）が開催され、クルーズ船対策について厚労省に助言をはじめました。

2月12日

　湖北省（中国）に加え、浙江省（中国）に滞在歴がある外国人も上陸拒否することにして、持ち回りの閣議了解をしました。

2月13日

　対策本部が、新型コロナウイルス感染症に関する緊急対応策（帰国者等への支援、水際対策、国内感染対策等を中心に、予備費103億円を含む総額153億円の対応策）を決議しました。検疫法上の隔離・停留を可能にするとともに、無症状病原体保有者について入院措置や公費負担等の対象とする政令について、持ち回り閣議において決定しました（2020年2月13日政令第30号）。

　厚労大臣によって、2月19日からクルーズ船「ダイヤモンド・プリンセス」からの下船をはじめることが発表されました。

2月14日

　対策本部が、その下に新型コロナウイルス感染症の対策について医学的な見地から助言等を行うため、新型コロナウイルス感染症対策専門家会議（以下、この項では「専門家会議」）を設置しました。

2月17日

　感染経路が不明の患者が多数となったことから（66例中36例）、厚労省が、専門家会議の議論を踏まえ、新型コロナウイルス感染症についての相談・受診の目安を取りまとめました。

　この頃、政府は学校や企業に対し「生徒や従業員が休みやすい環境整備が大切であり、協力してほしい。テレワークなども有効な手段だ」と要請。自粛ムードが広がりはじめました。

2月24日

　専門家会議が「新型コロナウイルス感染症対策の基本方針の具体化に向けた見解」を策定、公表しました。「これから1、2週間が急速にすすむか収束できるかの瀬戸際となる」と指摘しています。

2月25日

　専門家会議の見解を、新型コロナウイルス感染症対策の基本方針として対策本部が決定しました。時差出勤やテレワーク、機動的な臨時休校も促しています。

　外務省が韓国の大邱広域市及び慶尚北道清道郡に対して「不要不急の渡航自粛勧告」にあたる感染症危険情報レベル2を発出しました。

　文科省は学校で感染者が出た場合に、地域における学校の臨時休業についての検討を全国の教育委員会等に依頼しました。

2月26日

韓国大邱広域市及び慶尚北道清道郡に滞在歴のある外国人に対し、上陸を拒否することを閣議了解しました。

また、内閣総理大臣から今後2週間は多数の人が集まるような全国的なスポーツ・文化イベント等については大規模な感染リスクがあるとして、中止、延期または規模縮小等が要請されました。

北海道教育委員会が、道内の全公立小中学校を27日以降の数日間、一斉に臨時休校とする方針を決めました。

2月27日

対策本部が3月2日から春休みまで、小中高等学校及び特別支援学校における全国一斉の臨時休業を要請しました。

また、北海道が緊急事態宣言で同週末の外出自粛を要請しました。

3月5日

韓国及びイランのそれぞれの一部地域を入国禁止措置の対象に追加しました。

中国及び韓国からの入国者に対する検疫を強化し、検疫所長が国内において公共交通機関を使用しないこと及び指定する場所における14日間の待機を要請しました。また、中国及び韓国からの航空機の到着空港を成田国際空港及び関西国際空港に限定するよう要請、中国または韓国からの船舶による旅客運送を停止するよう要請、さらに中国及び韓国については発行済みの一次・数次査証の効力を停止しました。

3月10日

新型コロナウイルス感染症に関する緊急対応策（第2弾）として4308億円の財政措置と日本政策金融公庫等に総額1.6兆円規模の金融措置を講じました。

3月13日

改正特措法が施行されました。

3月18日

あらたにイタリア・スイス・スペインの一部の地域、アイスランドに滞在歴のある外国人についても特段の事情がないかぎり上陸を拒否し、これらの国からの一次・数次査証の効力を停止しました。

3月23日

米国全域からの入国者に対して、隔離または停留されるものを除き、検疫所長の指定する場所で14日間待

機し、国内において公共交通機関を使用しないことを要請。さらに、あらたにドイツやフランスなど欧州15カ国を、渡航中止を勧告するレベル3の対象に加えました。

3月24日

東京オリンピック・パラリンピックの延期が決定されました。

3月26日

欧州21カ国及びイランの全土について、入管法による入国拒否対象地域に追加、不要不急の渡航中止を促す危険情報のレベル2を発表しました。

改正特措法15条1項に基づく新型コロナウイルス感染症対策本部が設置されました（従前から設置されていた対策本部について、閣議決定を改正し、15条1項に基づくものとしました。以下、この本部を対策本部といいます）。

3月27日

対策本部が新型コロナウイルス感染症対策の基本的対処方針を定めることについて諮問を受け、初めて新型インフルエンザ等対策有識者会議基本的対処方針等諮問委員会が開催されました。基本的対処方針等諮問委員会は特措法に基づき特措法6条5項の意見を聞くために設置されたもので、新型インフルエンザ等対策有識者会議の下に設置されています。これらは特措法が制定されたときに設置され、新型コロナウイルス感染症の発生前から設置されていました。基本的対処方針等諮問委員会は閣議決定で設置された専門家会議のメンバー全員とそうでないメンバー4名から構成されています。

外務省は全世界に不要不急の渡航中止を促す危険情報のレベル2を発表しました。

首都圏では5都県が連携して外出自粛要請を実施、大阪府も週末の外出自粛を府民に呼びかけました。

3月28日

対策本部が基本的対処方針等諮問委員会の意見を踏まえ基本的対処方針を決定しました。

4月1日

国家安全保障会議で、水際対策を強化。これまでは一部地域からのみ入国を禁じていた中国と韓国の全土を対象としたほか、あらたにアメリカ、台湾、イギリスなどEU以外のヨーロッパのほぼ全域、インドネシアやタイなど東南アジアの7カ国、南米やアフリカ、中東の一部を含めた49の国と地域からの上陸を拒否することにしました。

4月7日

対策本部長（内閣総理大臣）が緊急事態宣言（期間は2020年4月7日から5月6日までとし、緊急事態措置を実施する必要がなくなったと認められるときは速やかに緊急事態を解除する）を出し、緊急事態措置を実施すべき区域として、埼玉県、千葉県、東京都、神奈川県、大阪府、兵庫県及び福岡県があげられました。

対策本部が同日の基本的対処方針等諮問委員会の意見を聞いて、基本的対処方針を改正しました。

4月11日

対策本部が同日の基本的対処方針等諮問委員会の意見を聞いて、基本的対処方針を改正しました。従前の、まん延防止策に「特定都道府県以外の都道府県は、法第24条第9項に基づき、繁華街の接客を伴う飲食店等への外出自粛について、強く促す」を追加しています。

4月16日

緊急事態宣言の一部を変更し、緊急事態措置を実施すべき区域を全都道府県としました。対策本部が同日の基本的対処方針等諮問委員会の意見を聞いて、基本的対処方針を改正しました。

4月22日

対策本部が専門家会議の「新型コロナウイルス感染症対策の状況分析・提言」（2020年4月22日）を了承しました。そのなかでは「人との接触を8割減らす、10のポイント」などが指摘されています。

4月27日

中東諸国、南米、ロシアを入国禁止区域にしました。

5月4日

5月6日に終了する緊急事態宣言の期間を5月7日から5月31日までに延期すると緊急事態宣言を変更しました。延長にともなって対策本部が同日の基本的対処方針等諮問委員会の意見を聞いて、基本的対処方針を改正しました。

5月14日

緊急事態宣言を変更しました。緊急事態措置を実施すべき区域を北海道、埼玉県、千葉県、東京都、神奈川県、京都府、大阪府及び兵庫県の区域とし、期間は変わらず5月31日までとしています。対策本部が同日の基本的対処方針等諮問委員会の意見を聞いて、基本的対処方針を改正しました。

5月21日

　緊急事態宣言を変更し、北海道、埼玉県、千葉県、東京都及び神奈川県の区域としました（京都府、大阪府及び兵庫県を外しています）。期間は変わらず5月31日までとし、それにともなう対処方針は同日の基本的対処方針等諮問委員会の意見を聞いて改正されました。

5月25日

　対策本部長が緊急事態解除宣言をし、対策本部がそれにともなう対処方針を同日の基本的対処方針等諮問委員会の意見を聞いて改正しました。

　改正特措法を法的根拠とする都道府県の措置の詳細は、【参考5】をご参照ください。

新型コロナウイルス感染症に対応する行動規範

　ここまでの流れで、いかに法的規制が実施されてきたかがおわかりいただけたかと思います。そこで、つぎに行動規範がどのようになされてきたかを概観していきたいと思います。

　まず社会経済活動と感染拡大防止の両立にあたっての基本的な考えについて、新型コロナウイルス感染症対策専門家会議による5月14日版「提言」から「行動規範」に直接関係する部分をまとめると、以下のようになります。

社会経済活動と感染拡大防止の両立にあたっての基本的考えについて
（1）特定警戒都道府県等からの対策移行の際の基本的対処方針
　　①市民生活：「新しい生活様式の実践例」
　　②事業活動：「業種ごとの感染拡大予防ガイドライン」
（2）地域のリスク評価（地域区分）に応じた対応の必要性

　政府及び専門家会議はこの「提言」において、緊急事態解除宣言後の各都道府県を以下の3つの地域に区分しています。
①「特定警戒」地域・・・・「緊急事態措置」の適用　　⇐ 法的規制
②「感染拡大注意」地域・・「新しい生活様式」の徹底　⇐ 行動規範
③「感染観察」地域・・・・「基本的感染対策」の遵守

　そして、そのなかで「特定警戒」地域以外の地域においては「緊急事態措置」の適用は解除されるが、新型コロナウイルス感染症対策を完全になくすものではないとし、一定の感染対策の継続を強く求めています。また、

新型コロナウイルス感染症の第2波の防止と社会経済活動の両立をはかるためには、市民生活と事業活動の両面において、新型コロナウイルス感染症対策に関する「行動規範」の確立と徹底・遵守がキーになるとしています。

　そのうえで、示されているのが地域のリスク評価（地域区分）の必要性です。提言のなかでは〝緊急事態措置の解除の考え方〟を踏まえ、各都道府県は、順次、緊急事態措置の対象地域から外れていくことが想定される一方、これまでのクラスター対策の経験を通じて、感染リスクが高い場が明らかになってきたことを指摘。と同時に、社会経済活動と感染拡大防止の両立をはかっていくためには、社会経済の活動レベルを段階的に引き上げていきながら、感染リスクの高い場を徹底的に回避するというメリハリのついた対策が重要とし、再流行による緊急事態措置をふたたび講じないでもすむように、緊急事態措置の対象地域から外れる場合であっても、地域のリスク評価（地域区分）に応じて、きめ細かく段階的に対策を移行していくことが重要であるとしています。

　そして、こうした考えのもと、リスク評価による地域区分と必要とされる対応についてはつぎのように示しています。

①「特定警戒」地域
　改正特措法第45条に基づく緊急事態措置「徹底した行動変容の要請」（極力8割の接触機会の低減）により、新規感染者数を劇的に抑えこむことが求められる地域。
②「感染拡大注意」地域
　新規感染者数が「特定警戒」の半分程度であり、感染対策の基本方針として、感染状況をモニタリングしながら「新しい生活様式」を徹底するとともに、モニタリングの結果を踏まえ、必要に応じ、知事が改正特措法第24条第9項の協力要請（施設の使用やイベントの実施制限や感染対策への協力依頼等）を実施するなど、感染のさらなる拡大を防ぐために必要な対策を円滑かつ適切に講じることが必要な地域。
③「感染観察」地域
　新規感染者が一定程度確認されるものの感染拡大注意都道府県の基準には達していない都道府県。身体的距離の確保等の「基本的感染対策」を講じることを前提として、感染観察都道府県同士の県をまたぐ移動や比較的小規模なイベントの開催も可能になると考えられる地域。

「市民生活」における行動規範

　つづいて、「行動規範」についてさらに詳細に見ていきましょう。まず市民生活における「行動規範」は、以下に記載する「基本的感染防止対策」と「新しい生活様式」から構成されます。

・基本的感染防止対策
（1）下記の①または②のような感染拡大が加速する場（クラスター連鎖の場）を徹底して避けること

① クラスターのおそれがある施設

    イ　接待をともなう夜間の飲食店、居酒屋

    ロ　屋内運動施設（スポーツジム等）

    ハ　ライブハウス等

② 「3つの密」（密閉・密集・密接）のある場

（2）身体的距離の確保（Social Distance）

    人との間に一定以上の距離（2メートルが最適とされる）を確保する行動様式

（3）マスクの着用

（4）手洗い

・新しい生活様式（【参考2】参照）

（1）一人ひとりの基本的感染対策
    ①感染防止の3つの基本
      イ 身体的距離の確保
      ロ マスクの着用
      ハ 手洗い
    ②移動に関する感染対策
（2）日常生活を営む上での基本的生活様式
    ①手洗い・手指消毒
    ②3密（密閉・密集・密接）の回避
（3）日常生活の各場面別の生活様式
    ①買い物
    ②娯楽、スポーツ等
    ③公共交通機関の利用
    ④食事
    ⑤冠婚葬祭などの親族行事
（4）働き方の新しいスタイル
    ①テレワーク
    ②ローテーション勤務
    ③時差通勤でゆったりと
    ④オフィスはひろびろと
    ⑤会議はオンライン
    ⑥名刺交換はオンライン
    ⑦対面での打合せは換気とマスク

「事業活動」における行動規範

　他方、事業活動における行動規範は、先述の「緊急事態解除宣言後の4レベルの行動規範」のうち、以下の2レベルの業種別「感染拡大予防ガイドライン」に委ねられます。

・レベル3：新型コロナウイルス感染予防対策経団連ガイドライン
　　　　　　（経団連ガイドライン）
・レベル4：新型コロナウイルス感染予防対策各業界ガイドライン
　　　　　　（各業界団体ガイドライン）

●レベル3：新型コロナウイルス感染予防対策経団連ガイドライン

　一般社団法人日本経済団体連合会（経団連）は5月14日に、「新型コロナウイルス感染予防対策ガイドライン」を公表しました。その趣旨を要約すると以下のとおりです。

> 新型コロナウイルスの完全な終息までの期間が長期にわたることを考えると、企業には、感染防止のための取組みを一層進め、新型コロナウイルス感染症のまん延を防止していく役割に加え、事業を通じた国民生活への貢献拡大という役割が求められます。そこで経団連では、政府の「新型コロナウイルス感染症対策の基本的対処方針」や新型コロナウイルス感染症対策専門家会議の分析・提言などを踏まえ、個々の業界や事業場の実態に応じた新型コロナウイルス感染予防対策を行う際の参考としてガイドライン（オフィス向け、製造事業場向け）を作成しました。つきましては、対処方針の趣旨・内容をご理解頂いた上で、本ガイドラインに示された「感染防止のための基本的な考え方」と「講じるべき具体的な対策」や所属する業界団体などで示される指針等を踏まえ、創意工夫を図りながら、新型コロナウイルスの感染予防に取り組むとともに、社会基盤としての役割を引き続き果たして頂きますようお願い申し上げます。

　このなかで示されている「オフィスにおける新型コロナウイルス感染予防対策ガイドライン」には感染防止のため基本的な考え方と講じるべき具体的な対策が示されています（https://www.keidanren.or.jp/policy/2020/040_guideline1.pdf）。
　まず感染防止のため基本的な考え方については、つぎのように掲載されています。

> 事業者は、職場における感染防止対策の取組みが、社会全体の感染症拡大防止に繋がることを認識した上で、対策に係る体制を整備し、個々の　職場の特性に応じた感染リスク評価を行い、それに応じた対策を講ずる。特に、従業員への感染拡大を防止するよう、通勤形態などへの配慮、個々人の感染予防策の徹底、職場環境の対策の充実などに努めるものとする。

そして、講じるべき具体的な対策としては、以下の11項目が示されています。

（1）感染予防対策の体制

（2）健康確保

（3）通勤

（4）勤務

（5）休憩・休息スペース

（6）トイレ

（7）設備・器具

（8）オフィスへの立ち入り

（9）従業員に対する感染防止策の啓発等

（10）感染者が確認された場合の対応

（11）その他

　詳細は原文を見ていただくとして、ここでは実際のビジネスシーンに影響があると考えられるポイントを抜粋しておきたいと思います。

（3）通勤
・テレワーク（在宅やサテライトオフィスでの勤務）、時差出勤、ローテーション勤務（就労日や時間帯を複数に分けた勤務）、変形労働時間制、週休3日制など、様々な勤務形態の検討を通じ、通勤頻度を減らし、公共交通機関の混雑緩和を図る。
・自家用車など公共交通機関を使わずに通勤できる従業員には、道路事情や駐車場の整備状況を踏まえ、通勤災害の防止に留意しつつこれを承認することが考えられる。

（4）勤務
・従業員が、できる限り2メートルを目安に、一定の距離を保てるよう、人員配置について最大限の見直しを行う。
・従業員に対し、勤務中のマスクなどの着用を促す。
・飛沫感染防止のため、座席配置などは広々と設置する。仕切りのない対面の座席配置は避け、可能な限り対角に配置する、横並びにする等工夫する（その場合でも最低1メートルあける等の対策を検討する）。
・人と人が頻繁に対面する場所は、アクリル板・透明ビニールカーテンなどで遮蔽する。
・外勤は公共交通機関のラッシュの時間帯を避けるなど、人混みに近づかないようにする。
・出張は、地域の感染状況に注意し、不急の場合は見合わせる。
・外勤時や出張時には面会相手や時間、経路、訪問場所等を記録に残す。
・会議やイベントはオンラインで行うことも検討する。
・株主総会については、事前の議決権行使を促すことなどにより、来場者のない形での開催も検討する。
・会議を対面で行う場合、マスクを着用し、換気に留意する。また、椅子を減らしたり、机などに印をつけたりするなど、近距離や対面に座らないように工夫する。

・対面の社外の会議やイベントなどについては、参加の必要性をよく検討したうえで、参加する場合は、最小人数とし、マスクを着用する。

・採用説明会や面接などについては、オンラインでの実施も検討する。

・テレワークを行うにあたっては、厚生労働省のガイドライン（※8）等を参照し、労働時間の適正な把握や適正な作業環境の整備などに配慮する。

（※8）厚労省「テレワークにおける適切な労務管理のためのガイドライン」https://www.mhlw.go.jp/content/000553510.pdf

（5）休憩・休息スペース

・喫煙を含め休憩・休息をとる場合には、できる限り2メートルを目安に距離を確保するよう努め、一定数以上が同時に休憩スペースに入らないよう、休憩スペースの追設や休憩時間をずらす等の工夫を行う。

・特に屋内休憩スペースについては、スペース確保や、常時換気を行う等、3つの密を防ぐことを徹底する。

・食堂などで飲食する場合は、時間をずらす、椅子を間引くなどにより、できる限り2メートルを目安に距離を確保するよう努める。施設の制約などにより、これが困難な場合も、対面で座らないように配慮する。

（8）オフィスへの立ち入り

・取引先等を含む外部関係者の立ち入りについては、必要性を含め検討し、立ち入りを認める場合には、当該者に対して従業員に準じた感染防止対策を求める。このため、予め、これらの外部関係者が所属する企業等に、オフィス内での感染防止対策の内容を説明する等により理解を促す。

・名刺交換はオンラインで行うことも検討する。

（9）従業員に対する感染防止策の啓発等

・従業員に対し、感染防止対策の重要性を理解させ、日常生活を含む行動変容を促す。このため、これまで新型コロナウイルス感染症対策専門家会議が発表している「人との接触を8割減らす10のポイント」（※9）や「新しい生活様式の実践例」を周知するなどの取り組みを行う。

（※9）「人との接触を8割減らす10のポイント」（4月22日厚労省ホームページ）。URLは下記。
https://www.mhlw.go.jp/stf/seisakunitsuite/bunya/0000121431_00116.html

・公共交通機関や図書館等公共施設を利用する従業員には、マスクの着用、咳エチケットの励行、車内など密閉空間での会話をしないことなどを徹底する。

・過去14日以内に政府から入国制限されている又は入国後の観察期間を必要とされている国・地域等への渡航並びに当該在住者との濃厚接触がある場合、自宅待機を指示する。

・取引先企業にも同様の取り組みを促すことが望ましい。

　つぎに「製造事業場における新型コロナウイルス感染予防対策ガイドライン」（https://www.keidanren.or.jp/policy/2020/040_guideline2.pdf）について見ていきましょう。このガイドラインも「オフィスにおける新型コロナウイルス感染予防対策ガイドライン」と同様に、感染防止のため基本的な考え方と講じるべき具体的な対策から構成されています。感染防止のため基本的な考え方については「オフィスにおける新型コロナウイルス感染予防対策ガイドライン」と同じ内容となっており、講じるべき具体的な対策は11項目で構成されています。こちらも詳細は原文を見ていただくとして、実際のビジネスシーンに影響があると考えられるポイント（「オフィ

スにおける新型コロナウイルス感染予防対策ガイドライン」の紹介でピックアップしたものを除く）を以下に抜粋したいと思います。

（4）勤務

・従業員が、できる限り2メートルを目安に、一定の距離を保てるよう、作業空間と人員配置について最大限の見直しを行う。

・従業員に対し、勤務中のマスク等の着用を促す。特に、複数名による共同作業など近距離、接触が不可避な作業工程では、これを徹底する。

・窓が開く場合1時間に2回以上、窓を開け換気する。建物全体や個別の作業スペースの換気に努める。なお、機械換気の場合は窓開放との併用は不要である。

・シフト勤務者のロッカールームをグループごとに別々の時間帯で使用することなどにより、混雑や接触を可能な限り抑制する。

・朝礼や点呼などは、小グループにて行うなど、一定以上の人数が一度に集まらないようにする。

・工程ごとに区域を整理（ゾーニング）し、従業員が必要以上に担当区域と他の区域の間を往来しないようにする。また、一定規模以上の製造事業場などでは、シフトをできる限りグループ単位で管理する。

（7）設備・器具

・生産設備の制御パネル、レバー等、作業中に従業員が触る箇所について、作業者が交代するタイミングを含め、定期的に消毒を行う。設備の特性上、消毒できないものは、個人別の専用手袋等を装着して作業にあたる。

・工具などのうち、個々の従業員が占有することが可能な器具については、共有を避ける。共有する工具については、定期的に消毒を行う。

・ドアノブ、電気のスイッチ、手すり・つり革、エレベーターのボタン、ゴミ箱、電話、共有のテーブル・椅子等の共有設備については、頻繁に洗浄・消毒を行う。※設備・器具の消毒は、次亜塩素酸ナトリウム溶液やエタノールなど、当該設備・器具に最適な消毒液を用いる。

（8）事業場への立ち入り

・一般向けの施設見学や取引先等を含む外部関係者の立ち入りについては、必要性を含め検討し、立ち入りを認める場合には、当該者に対して、従業員に準じた感染防止対策を求める。

・このため、予め、これらの外部関係者が所属する企業等に、製造事業場内での感染防止対策の内容を説明する等により、理解を促す。

●レベル4：新型コロナウイルス感染予防対策各業界ガイドライン

　このガイドラインについては、内閣官房新型コロナウイルス感染症対策推進室が、業種ごとの感染拡大予防ガイドラインをまとめた資料「業種ごとの感染拡大予防ガイドライン一覧パンフレット（※10）」にて紹介されています（https://corona.go.jp/prevention/pdf/guideline_20200514.pdf）。なお、学校、社会福祉施設、社会体育施設、研究施設等については、各所管省庁においてガイドライン等を作成・公表するとのことです。

（※10）「業種」「団体名」「担当省庁名」「ガイドライン掲載URL」がまとめられており、全81のガイドラインが示されています。

　ここでは、コロナ感染症の直撃的な影響を受けるBtoCビジネス（※11）における業種別ガイドライン（業種全体の約85%が該当）について2例、間接的影響にとどまると考えられるBtoBビジネス（※12）における業種別ガイドライン（本来のBtoBである製造業等についてはほぼ皆無なので、銀行業と証券業について取り上げています）について2例をピックアップしたいと思います。

（※11）Business-to-Consumer（企業消費者間取引）：企業と個人（消費者）間の商取引や企業が個人向けに行う事業のこと。一般消費者向けの製品・サービスの製造・販売、個人と金融機関の取引等のことを指す。
（※12）Business-to-Business（企業間取引）：企業間の商取引や企業が企業向けに行う事業のこと。企業間の製品・サービスの売買や企業と金融機関との取引等のことを指す。

・「外食業の事業継続のためのガイドライン」

（2020年5月14日　http://www.jfnet.or.jp/contents/_files/safety/FSguideline_20514.pdf）

設定主体：一般社団法人日本フードサービス協会（略称：JF）、一般社団法人全国生活衛生同業組合中央会、全国麺類生活衛生同業組合連合会、全国飲食業生活衛生同業組合連合会、全国すし商生活衛生同業組合連合会、全国喫茶飲食生活衛生同業組合連合会、全国中華料理生活衛生同業組合連合会、全国料理業生活衛生同業組合連合会

①ガイドラインの構成

1．はじめに
2．本格的事業再開に向けて
3．お客様の安全
　1）入店時
　2）客席へのご案内
　3）テーブルサービスとカウンターサービス
　4）会計処理
　5）テイクアウトサービス
　6）デリバリーサービス
4．従業員の安全衛生管理
5．店舗の衛生管理

②各項目における主要事項の抜粋

1．はじめに
　外食事業者の変わらぬ理念は、お客様に安心してご来店いただくとともに、従業員やその家族が安心できる職場を確保することです。このため、本ガイドラインは、外食事業者の皆さまが本格的に事業を再開されるにあたって、現場の実情に配慮して3密（密閉、密集、密接）を避け、手洗いなどの一般衛生管理の実施、人と人との間隔の確保等を通じて、お客様と外食業に働く従業員の安全・安心を確保するための参考となる具体的取組等を示したものです。各事業者におかれましては、新型コロナウイルス感染症が収束するまでの間、本ガイドラインを活用し、新型コロナウイルス感染症の感染拡大予防に向けた取組を推進していただきますようお願い申し上げます。

2. 本格的事業再開に向けて

以下の基本事項を確実に押さえながら、事業を継続する。

- ・食品の安全と衛生管理
- ・店舗・施設等の清掃と消毒
- ・従業員の健康チェックと個人の健康・衛生管理の徹底
- ・社会的距離の設定と確保への工夫

3. お客様の安全

1) 入店時

- ・店舗入口には、発熱や咳など異常が認められる場合は店内飲食をお断りさせていただく旨を掲示する。
  また、店舗入口や手洗い場所には、手指消毒用に消毒液（消毒用アルコール等）を用意する。
- ・店舗入口及び店内に、食事中以外はマスクの着用をお願いする旨掲示する。
- ・飛沫感染・接触感染を防止するために十分な間隔をとることが重要であることをお客様に理解してもらい、
  店内が混み合う場合は入店を制限する。
- ・店内飲食やテイクアウトで順番待ちをする場合は、各人ができるだけ2m（最低1m）以上の間隔を空ける
  ように誘導する（床に間隔を示すテープを貼るなど）

2) 客席へのご案内

- ・テーブルは、飛沫感染予防のためにパーティションで区切るか、できるだけ2m（最低1m）以上の間隔を空
  けて横並びで座れるように配置を工夫し、カウンター席は密着しないように適度なスペースを空ける。
- ・真正面の配置を避けるか、またはテーブル上に区切りのパーティション（アクリル板等）を設ける等工夫する。
- ・少人数の家族、介助者が同席する高齢者・乳幼児・障害者等対面を希望する場合は、可能としてもよいが、
  他グループとの相席は避ける。
- ・グループ間の安全を確保するために、他のグループとはできるだけ2m（最低1m）以上の間隔を空け、会話は
  控えめにし、BGMを聞く等を勧めることを検討する。

3) テーブルサービスとカウンターサービス

- ・テーブルサービスで注文を受けるときは、お客様の側面に立ち、可能な範囲で間隔を保つ。
- ・お客様が入れ替わる都度、テーブル・カウンターを消毒する。
- ・カウンターサービスは、可能な範囲で従業員とカウンター席との間隔を保つ。
- ・カウンターで注文を受けるときはお客様の正面に立たないように注意する。
- ・カウンターでは、お客様と従業員の会話の程度に応じ、従業員のマスク着用のほか、仕切りの設置など工夫する。
- ・料理は大皿ではなく個々に提供する。従業員が取り分ける等工夫する。
- ・お客様同士のお酌、グラスやお猪口の回し飲みは避けるよう、業態に応じ、掲示等により注意喚起する。
- ・個室を使用する場合は、十分な換気を行う。

4) 会計処理

- ・食券を販売している店舗は、券売機を定期的に消毒する。
- ・会計処理に当たる場合は、可能であれば、電子マネー等の非接触型決済を導入する。現金、クレジットカー
  ド等の受け渡しが発生する場合には、手渡しで受け取らず、コイントレイ（キャッシュトレイ）などを使用する。
  また、コイントレイは定期的に消毒する、会計の都度手指を消毒するなど工夫する。
- ・飛沫を防止するために、レジとお客様の間にアクリル板等の仕切りを設置するなど工夫する。

5）テイクアウトサービス

- テイクアウトを実施している店舗では、お客様の店内滞留時間を短くするために、事前予約注文を受け付けるなどの仕組みを導入する。
- テイクアウト客と店内飲食客の動線を区別し、接触を避けるように工夫する。
- 食中毒等の防止のため、料理は早めに消費するよう、口頭もしくは注意書きを添えてお客様に注意を促す（特に気温の高い時期）。

6）デリバリーサービス

- デリバリー担当の配達員と来店客が接触しないように、可能であればデリバリー専用カウンターを設け、両者の動線が重ならないように工夫する。
- 料理の受渡しは必ず手指を消毒してから行う。
- 代金が支払い済み（オンライン決済等）で、注文者が希望する場合は、注文者が指定した所に料理を置くなど非接触の受渡しを行う。
- 配達員は、店舗従業員と同様の健康管理、手洗い等の衛生管理を実践し、マスクを着用する。
- 配達する料理の容器は、配達員が直に触れないよう袋等に入れ、配達に使用する運搬ボックス等は使用の都度、消毒する。
- 食中毒等の防止のため、料理は早めに消費するよう、口頭もしくは注意書きを添えてお客様に注意を促す（特に気温の高い時期）。

4. 従業員の安全衛生管理

- 従業員の健康管理において最も重要なことは、各自が店舗に新型コロナウイルスを持ち込まないことである。
- 従業員は必ず出勤前に体温を計る。発熱や風邪の症状がみられる場合は、店舗責任者にその旨を報告し、勤務の可否等の判断を仰ぐ。
- 感染した従業員、濃厚接触者と判断された従業員の就業は禁止する。
- 店舗ではマスクやフェイスガードを適切に着用し、頻繁かつ適切な手洗いを徹底する。

5. 店舗の衛生管理

- 店内（客席）は適切な換気設備の設置及び換気設備の点検を行い、徹底した換気を行う（窓・ドア等の定期的な開放、常時換気扇の使用等）。
- 店内清掃を徹底し、店舗のドアノブ、券売機、セルフドリンクコーナー等の設備等、多数の人が触れる箇所は定期的にアルコール消毒薬、次亜塩素酸ナトリウムで清拭する。また、テーブル、イス、メニューブック、タッチパネル、卓上ベル等はお客様の入れ替わる都度、アルコール消毒薬、次亜塩素酸ナトリウム、台所用洗剤（界面活性剤）で清拭する。
- 卓上には原則として調味料・冷水ポット等を置かないようにするが、撤去が難しい場合は、お客様が入れ替わる都度、アルコール消毒薬、次亜塩素酸ナトリウム、台所用洗剤（界面活性剤）で清拭や用具の交換を行う。
- ビュッフェやサラダバー及びドリンクバーは、利用者の飛沫がかからないように食品・ドリンクを保護する（カバーを設置するまたは従業員があらかじめ又はその場で小分けする、客席と料理提供空間が近い場合には適度に仕切るアクリル板等の仕切りを設ける等）。トング等は頻繁に消毒若しくは交換するか、または手袋の着用を促す。
- 従業員は、店内の一箇所にお客様が集まらないように留意する。

・「小売業の店舗における新型コロナウイルス感染症感染拡大予防ガイドライン」

（2020年5月22日改訂　　https://www.japan-retail.or.jp/pdf/20200514-covid.pdf）

設定主体：オール日本スーパーマーケット協会、一般社団法人全国スーパーマーケット協会、日本小売業協会、一般社団法人日本ショッピングセンター協会、一般社団法人日本スーパーマーケット協会、一般社団法人日本専門店協会、日本チェーンストア協会、日本チェーンドラッグストア協会、一般社団法人日本DIY・ホームセンター協会、一般社団法人日本百貨店協会、一般社団法人日本フランチャイズチェーン協会、一般社団法人日本ボランタリーチェーン協会

①ガイドラインの構成

---

1. はじめに
2. 基本的考え方
3. 具体的な取組
　(1) 店舗における感染予防対策
　　① 身体的距離の確保
　　② 清掃・消毒
　　③ 接触感染・飛沫感染の防止
　　④ 換気の徹底
　　⑤ 商品陳列等
　　⑥ 店舗内混雑の緩和
　　⑦ 店舗内施設の利用等
　　⑧ 店舗入店時の顧客に対する依頼
　(2) 従業員の感染予防・健康管理
　　① 新型コロナウイルス感染症予防に関する基本的知識等の周知徹底
　　② 従業員への飛沫感染と接触感染の防止
　　③ 対人距離の確保
　　④ バックヤード
　　⑤ その他、感染予防・健康管理に関する指導等
　　⑥ テナント店長会などを活用したテナント含む従業員への感染予防・健康管理の促進
　(3) 買物エチケットに係る顧客への協力依頼・情報発信
　　① 対人距離の確保及び混雑緩和に係る理解促進
　　② 感染防止対策への理解促進
　　③ サービスの内容変化に対する理解促進
4. おわりに

---

②小売業におけるガイドラインの特徴

　設定主体の多さからもわかるように、以下の各小売業態を横断的に網羅したガイドラインであるために、場合によって所々、業態別の規定振りとなっています。

　内容については、随所で身体的距離の確保、マスクの着用、手洗い・手指消毒への取り組みについて言及するなど、専門家会議による5月14日版「提言」に規定される「基本的感染防止対策」に忠実な規定振り

となっています。また、これまでに紹介したガイドラインと異なり、対面物販を前提とした内容となっているのも特徴的です。しかし、顧客に対してはやや遠慮した規定振りとなっており、「協力依頼」「理解促進」といった表現に終始しています。

・「全国銀行協会新型コロナウイルス感染症対策ガイドライン

（以下「全銀協ガイドライン」）」（2020年5月14日　https://www.zenginkyo.or.jp/fileadmin/res/news/news320514.pdf）

設定主体：一般社団法人全国銀行協会

①ガイドラインの構成

> 1.　はじめに
> 2.　新型コロナウイルス感染症対策の基本的な考え方
> 　　（1）新型コロナウイルス感染症対策の体制構築
> 　　（2）従業員等に対する感染防止の啓発等
> 　　（3）従業員等や同居する家族等の健康確保
> 　　（4）感染防止策の徹底
> 　　（5）罹患者発生時等の対応
> 3.　店舗におけるお客さまおよび従業員等の感染防止
> 　　（1）店舗運営の目的
> 　　（2）店舗運営における基本
> 　　（3）店舗内の「三つの密」の回避
> 　　（4）感染拡大防止と業務継続の両立
> 　　（5）各行における公表

②ガイドラインの特徴

　社会的インフラとしての規定振りを重視しており、新型コロナウイルス感染対策を論ずる以前に、銀行の使命を以下のように論じています。

> 銀行は社会機能の維持に不可欠な金融インフラとして、特に重要な以下の業務の継続体制を構築することを確認する。
> ・現金供給（預金等の払い戻し）
> ・資金の決済（振り込み、送金（外国送金等を含む）、口座振替、手形、小切手の取立）
> ・税公金の取扱い
> ・資金の融通（円貨・外貨）
> ・証券の決済（有価証券の振替決済）
> ・金融事業者間取引（資金繰り（円貨・外貨））

具体的な内容としては、全銀協加盟各行が本店所在地や店舗・センター・本部等において、感染防止に努めつつ業務を継続するための考え方・例示などが取りまとめられており、「新型コロナウイルス感染症対策の基本的な考え方」においては、まず「新型コロナウイルス感染症対策の体制構築」を規定しています。また「店舗におけるお客さまおよび従業員等の感染防止」においては「店舗運営の目的」と「店舗運営における基本」を規定しています。

・「証券業界における新型コロナウイルス感染予防対策ガイドライン
（以下「日証協ガイドライン」）」（2020年5月14日　http://www.jsda.or.jp/shinchaku/coronavirus/files/20200514coronagl.pdf）

設定主体：日本証券業協会

①ガイドラインの構成

1．はじめに
2．感染防止のための基本的な考え方
3．講じるべき具体的な対策
　（1）感染予防対策の体制
　（2）健康確保
　（3）通勤
　（4）勤務
　（5）休憩・休息スペース、トイレ、設備・器具
　（6）職場内への立ち入り
　（7）顧客に対する協力の要請
　（8）従業員に対する感染防止策の啓発等
　（9）感染者が確認された場合の対応
　（10）その他

---

②ガイドラインの特徴

　予防重視の規定振りとなっており、「はじめに」にはつぎのような記述があります。

新型コロナウイルス感染予防対策を行う際の基本的事項を整理したものであり、今後、会員の店頭・事務所内業務や顧客訪問等の業務継続の参考として整理したものである。会員は、対処方針の趣旨・内容を十分に理解した上で、本ガイドラインに示された「感染防止のための基本的な考え方」と「講じるべき具体的な対策」等を参考に、各会員の事業形態や実情等を踏まえ、新型コロナウイルスの感染予防に取り組むよう努めていただきたい。

　また、従業員に対する配慮も示されており、「感染防止のための基本的な考え方」においては、つぎの記述があります。

> 特に、従業員への感染拡大を防止するよう、通勤形態などへの配慮、個々人の感染予防策の徹底、職場環境の対策の充実を図るとともに、顧客等への感染防止に努めるものとする。

　しかも、「講じるべき具体的な対策」においては、健康確保、通勤、勤務、休憩・休息スペース、トイレ、設備・器具、職場内への立ち入り、従業員に対する感染防止策の啓発等と、全10項目のうち8項目が従業員に係る規定事項となっています。

業種ごとのガイドラインの活用を

　業種ごとの感染拡大予防ガイドラインを概観してみましたが、どのガイドラインにおいても、その対象者は大きく「顧客」と「従業員」に分けられます（※13）。また、その比重はガイドラインの作成業種によって異なりますが、いずれもそれぞれの業種に属している企業にとっては大いに参考になるはずです。ウィズコロナ時代におけるビジネスのあり方を模索するうえでも、一度、チェックしてみるといいでしょう。

（※13）顧客と従業員以外にも、「取引先」「株主」「従業員の家族」等が、業種ごとの感染予防ガイドラインの対象となっている場合があります。

コロナ新常態社会における
水面下経済

第2章　コロナ新常態社会における水面下経済

コロナ新常態社会における水面下経済

　5月6日付の日経新聞の1面に「『新常態へ適応力試す』『制限緩和でも感染抑止優先』『水面下』経済長期化も」という見出しが躍りました。エンデミック化した新型コロナウイルス感染症に対応するためのコロナ新常態社会により、旧に復することができなくなった経済状態を「水面下経済」と表現したものです。「コロナ対策」によって国際的・国内的な人の移動を大幅に制限したうえで、不要不急の外出の自粛（ステイホーム）を要請したり、すべてのロケーションにおいて人と人の間の一定以上の距離の確保（ソーシャルディスタンス）を求めたりすることで、実体経済（とくに個人消費）が劇的に縮小してしまっているのです。これに対して、既存の財政・金融政策はどのように機能しているのでしょうか。そのあたりを考察するために、本章ではまず「コロナ対策」の実体経済への影響について検討したいと思います（財政・金融政策については第3章にて記述します）。

コロナ対策の実体経済への影響

　経済システムは金融経済（Monetary Economy）と実体経済（Real Economy）から構成され、実体経済は生産部門（Business Sector）と消費部門（Consumer Sector）に区分されます。この金融経済と実体経済をごく単純に図示したのが、下図8のMBCピラミッドです。これを見れば、リーマンショック（第3章参照）が「金融不況」であり、今回のコロナショックが「消費不況」であることがご理解いただけるかと思います。

〈図8〉MBCピラミッド

①正常な経済状態のMBCピラミッド

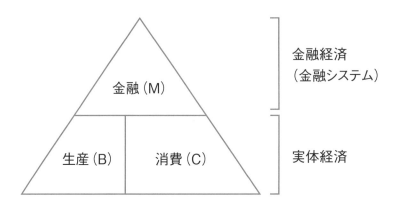

②リーマンショック発生時のMBCピラミッド

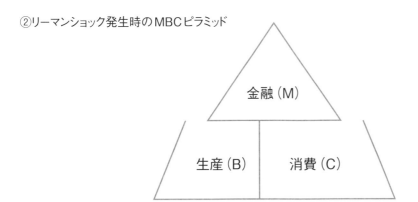

　まず金融収縮が起こり、その後、生産収縮、消費収縮と派生していったのが、リーマンショックでした。したがって、縮小した金融経済を旧に復することにより、今回のコロナショックと比べれば、比較的スムーズに不況局面を脱することができました。

③コロナショック発生時のMBCピラミッド

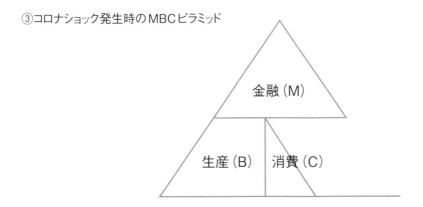

　今回のコロナショックの特徴は、新型コロナウイルス感染症の拡大とそれに対する各国政府のコロナ対策の発動による急激な個人消費の減少によるものであり、まさに消費消失といえます。そして、その影響は生産部門の縮小にも派生しつつありますが、金融経済は比較的落ち着いている感があります。

コロナ対策と経済対策の関係

　日本における「コロナ対策」については、第1章を参照いただくとして、ここでは「コロナ対策」と「経済政策」の関係性について説明したいと思います。経済政策には政府が立案実行する「財政政策」と日銀が立案実行する「金融政策」があります。「財政政策」が実体経済に効果を及ぼすのに対して、「金融政策」は金融経済に影響を及ぼします。それらの関係性を図9にまとめてみたので、ご覧ください。

〈図9〉 「コロナ対策」「財政政策」「金融政策」の関係図

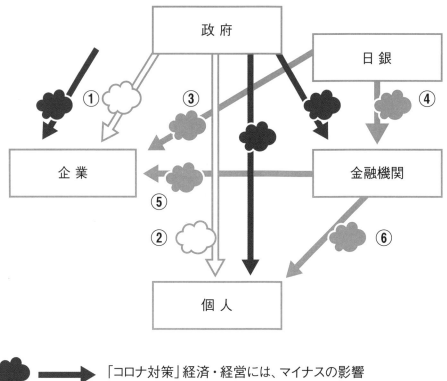

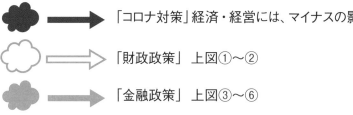

　上図のとおり、「コロナ対策」は実体経済と個人・企業・金融機関の経営にマイナスの影響を及ぼします。では、これに対する政府の「財政政策」（企業や個人への融資や給付（上図①②））や日銀の「金融政策」（市場・金融機関・企業への直接的資金供給及び金融機関を通じた企業・個人への間接的資金供給（上図③〜⑥））が、今回のコロナショックにおいても従来の不況局面と同様の効果を持つのでしょうか。

　答えは残念ながらなかなか難しいといわざるを得ません。この図を見てもらえるとわかるように、せっかく「財政政策」や「金融政策」を発動しても、その横で「コロナ対策」がその効果を減殺する方向で作用し、実体経済がなかなか水面上に浮上しないからです。

コロナ対策の逆経済効果と行動変容

　ここで第1章に掲載した〈図3〉「コロナ新常態下における社会」俯瞰図を再掲します。

〈図3〉「コロナ新常態下における社会」の俯瞰図

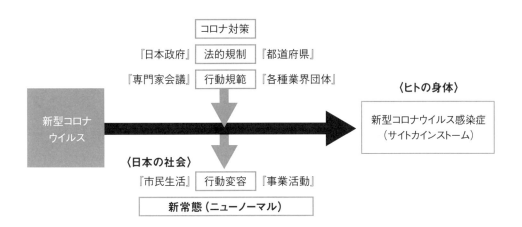

　本章ではこの図における「行動変容」に注目し、「市民生活レベル」における「行動規範」と「事業活動レベル」の「行動規範」から、どのような「行動変容」が引き起こされるのかを分析していきます。

「市民生活レベル」の行動変容

　まずは行動変容（behavior change）の定義から見ていきましょう。『日本保健医療行動科学会雑誌第34巻』の「行動変容」という論文（津田彰氏、石橋香津代氏）を参考にすると、行動変容は行動科学における概念であり、具体例として以下の4つの行動パターンをあげることができます。
①好ましくない行動をやめる。
②行動を修正する。
③かつて経験したことのある行動を再開する。
④今までに経験したことのない行動を新たにはじめる。

　そして、これら4つの行動パターンを継続することを通じて、社会的な「行動変容」が発生するというわけです。つぎに「行動変容」と「行動規範」の関係性について見てみましょう。「市民生活における行動規範」を構成する

「基本的感染防止対策」と「新しい生活様式」をひとつにしたうえで、先述の「行動変容」の具体例①〜④を照応させたのが下表です。なお、✓マークを付ける基準はわかりやすさを優先して、著者の独断でやや割り切ったものになっています。

（表5）市民生活における行動規範と行動変容の関係

行動規範			行動変容			
			①	②	③	④
基本的感染防止対策	新しい生活様式	1. 手洗い		✓		
		2. マスクの着用		✓		
		3. 3密（密閉・密集・密接）の回避				
		（1）密閉の回避			✓	
		（2）密集の回避				✓
		（3）密接の回避（Social Distanceの確保）				✓
		4. クラスター連鎖の場を避ける				
		（1）接待を伴う夜間の飲食店	✓			
		（2）居酒屋	✓			
		（3）屋内運動施設（スポーツジム等）	✓			
		（4）ライブハウス等	✓			
	新しい生活様式	1. 一人ひとりの基本的感染対策				
		（1）移動に関する感染対策		✓		
		2. 日常生活の各場面別の生活様式				
		（1）買い物		✓		
		（2）娯楽、スポーツ等		✓		
		（3）公共交通機関の利用		✓		
		（4）食事		✓		
		（5）冠婚葬祭などの親族行事		✓		
		3. 働き方の新しいスタイル				
		（1）テレワーク				✓
		（2）ローテーション勤務				✓
		（3）時差通勤でゆったりと				✓
		（4）会議はオンライン				✓
		（5）名刺交換はオンライン				✓

上表の着色の意味は、以下のとおりです。

赤色：経済・経営にマイナスの影響を与えると思われる行動変容

黄色：経済・経営にマイナスとプラスの影響を与えると思われる行動変容

緑色：経済・経営にプラスの影響を与えると思われる行動変容

「事業活動レベル」の行動変容

　左表中の「新しい生活様式中の3.働き方の新しいスタイル」でも「事業活動レベル」の行動規範に触れていますが、ここではより詳細に「経団連ガイドライン（オフィス版）」（第1章参照）からの抜粋に基づき、「事業活動レベル」の行動変容について検討したいと思います。

　まず、このガイドラインでは「講じるべき具体的な対策」として、以下の11項目があげられています。

（1）感染予防対策の体制
（2）健康確保
（3）通勤
（4）勤務
（5）休憩・休息スペース
（6）トイレ
（7）設備・器具
（8）オフィスへの立ち入り
（9）従業員に対する感染防止策の啓発等
（10）感染者が確認された場合の対応
（11）その他

　この11項目のうち、「経済・経営にマイナスもしくはプラスの影響を与えると思われる行動変容」を検討するために、以下の5項目（上表の青色の項目）を抜粋したうえで再編したのでご覧ください。

　　（3）通勤
　　（4）勤務
　　（5）休憩・休息スペース
　　（8）オフィスへの立ち入り⇒「取引先等」への協力要請に再編
　　（9）従業員に対する感染防止策の啓発等

　1.通勤
⇒公共交通機関の混雑緩和を図るための行動規範
　　（1）勤務形態の多様化による通勤頻度の減少
　　　　①テレワーク（在宅やサテライトオフィスでの勤務）
　　　　②時差出勤

---

　　③ローテーション勤務（就労日や時間帯を複数に分けた勤務）

　　④変形労働時間制

　　⑤週休3日制

　（2）自家用車など公共交通機関を使わずに通勤

2. 勤務

⇒「新しい生活様式」に対応する勤務形態

　（1）外勤・出張

　　①公共交通機関のラッシュの時間帯を避ける等、人混みに近づかないようにする。

　　②出張は、地域の感染状況に注意し、不急の場合は見合わせる。

　　③外勤・出張時の面会相手や時間、経路、訪問場所等を記録に残す。

　（2）会議等

　　①社内の「会議、イベント、採用説明会、面接等」はオンラインでの実施を検討する。

　　②対面での会議を行う場合には、マスクを着用するとともに3密回避の工夫をする。

　　③対面の社外の会議やイベント等は、参加の必要性をよく検討した上で、参加する場合は、最小人数とし、

　　マスクを着用する。

　（3）内勤

　　①勤務中のマスクなどの着用

　　②3密（密閉・密集・密接）の回避

　　　イ「密集」の回避

　　　　人と人が頻繁に対面する場所は、アクリル板・透明ビニールカーテンなどで遮蔽する。

　　　ロ「密接」の回避（Social Distanceの確保）

　　　　（i）従業員が、できる限り2メートルを目安に、一定の距離を保てるよう、人員配置について最大限

　　　　の見直しを行う。

　　　　（ii）飛沫感染防止のため、座席配置などは広々と設置する。

　　　　（iii）仕切りのない対面の座席配置は避け、可能な限り対角に配置する、横並びにする等工夫する。

3. 休憩・休息スペース

⇒3密（密閉・密集・密接）の回避

　（1）喫煙を含め休憩・休息をとる場合の心がけ

　　①できる限り2メートルを目安に距離を確保するよう努める。

　　②一定数以上が同時に休憩スペースに入らないようにする。

　　③休憩時間をずらす等の工夫を行う。

　（2）屋内休憩スペースについて

　　①休憩スペースの追設

②スペース確保

　　③常時換気の徹底

　（3）食堂などで飲食する場合

⇒できる限り2メートルを目安に距離を確保するよう努める。

　　①時間をずらす

　　②椅子を間引く等

　　⇒施設の制約等によりこれが困難な場合も、対面で座らないように配慮する。

4.従業員に対する感染防止策の啓発等

　（1）14日間の自宅待機指示

　　①政府から入国制限されている又は入国後の観察期間を必要とされている国・地域等へ渡航した場合

　　②政府から入国制限されている又は入国後の観察期間を必要とされている国・地域等の在住者との濃厚

　　　接触がある場合

　（2）公共交通機関や図書館等公共施設を利用する時の行動変容

　　①マスクの着用

　　②咳エチケットの励行

　　③車内等密閉空間での会話をしないことなどの徹底

　（3）従業員に対する感染防止策の啓発

⇒従業員に対し、感染防止対策の重要性を理解させ、日常生活を含む行動変容を促すため、下記①及び②

を周知徹底する。

　　①人との接触を8割減らす10のポイント（第1章参照）

　　②新しい生活様式の実践例

5.「取引先等」への協力要請

　（1）上記1～4について、取引先企業にも同様の取り組みを促す。

　（2）名刺交換はオンラインで行うことも検討する。

　（3）オフィスへの立ち入り

　　①取引先等を含む外部関係者の立ち入りは、必要性を検討する。

　　②立ち入りを認める場合には、当該者に対して従業員に準じた感染防止対策を求める。

　　③予め、これらの外部関係者が所属する企業等に、オフィス内での感染防止対策の内容を説明する等に

　　　より理解を促す。

　こうしてみると、事業活動レベルの行動規範が実に多岐にわたっていること、そして行動変容にも大きな影響を与えていることがおわかりになっていただけるかと思います。

コロナ対策と行動変容による逆経済効果

　コロナ対策と行動変容による逆経済効果は、下表6のとおりです。この表では明示されていませんが、海外との往来がほぼ途絶（4月の外国人観光客は前年同月比99.9％減というデータもあります）している現実もあります。こうしたことも含めると、以下のような消費経済へのマイナス効果がうかがわれます。

　（1）クラスター連鎖の場となる施設利用の激減

　（2）3密となり易い施設の利用頻度減少（Social distance：社会的距離）

　（3）外出頻度減少（Stay home：自宅待機）

　（4）公共交通機関利用減少

　（5）移動頻度減少

　（6）渡航制限国・地域から帰還時の自宅待機（Self isolation：自己隔離）

（表6）コロナ対策と行動変容による逆経済効果

行動変容		逆経済効果
市民生活レベルの行動変容	1．クラスター連鎖の場を避ける	
	（1）接待を伴う夜間の飲食店	施設利用激減
	（2）居酒屋	同上
	（3）屋内運動施設（スポーツジム等）	同上
	（4）ライブハウス等	同上
	2．日常生活の各場面別の生活様式	
	（1）買い物自粛	外出頻度減少
	（2）娯楽、スポーツ等自粛	同上
	（3）公共交通機関の利用自粛	公共交通機関利用減少
	（4）外食自粛	施設利用減少
	（5）冠婚葬祭などの親族行事自粛	同上
事業活動レベルの行動変容	1．通勤	
	（1）通勤頻度の減少（テレワーク等）	移動頻度減少
	（2）自家用車通勤	公共交通機関利用減少
	2．勤務	
	（1）外勤・出張の自粛	移動頻度減少
	（2）会議等のオンライン化	同上
	3．帰国後の14日間の自宅待機	Self isolation（自己隔離）
	4．「取引先等」への協力要請	
	（1）会議等のオンライン化	移動頻度減少
	（2）名刺交換のオンライン化	同上
	（3）オフィスへの立ち入りの制限	同上

行動変容による順経済効果

他方、行動変容にはプラスの経済効果もあるので、つぎにそのあたりを分析してみます。その効果をまとめたのが下表7であり、以下のような消費経済へのプラス効果がみてとれます。また、下表には含まれませんが、ある意味、ワクチンをはじめとした新型コロナウイルス感染症の治療薬にも、消費へのプラス効果があるといえるでしょう。

(1) マスク・消毒液等の感染拡大防止用品の消費増加

(2) ネット通販の増加

(3) ビデオゲーム・ネットフリックス等のネット娯楽需要の拡大

(4) 自家用車利用増加

(5) ウーバーイーツ等の宅食の増加

(6) テレビ会議の増加

(7) テレワークの増加

(表7) 行動変容による順経済効果

	行動変容	順経済効果
市民生活レベルの行動変容	1. 手洗いを励行する	消毒液等の売上増加
	2. マスクの着用を徹底する	マスクの売上増加
	3. 日常生活の各場面別生活様式	
	(1) 買い物自粛	ネット通販増加
	(2) 娯楽、スポーツ等自粛	自宅でのネット娯楽増加
	(3) 公共交通機関の利用自粛	自家用車利用増加
	(4) 外食自粛	ウーバーイーツ等の増加
事業活動レベルの行動変容	1. 通勤	
	(1) 通勤頻度の減少	テレワーク増加
	(2) 自家用車通勤	自家用車利用増加
	2. 勤務	
	(1) 外勤・出張の自粛	テレワーク増加
	(2) 会議等のオンライン化	テレビ会議増加
	3.「取引先等」への協力要請	
	(1) 会議等のオンライン化	テレビ会議増加
	(2) 名刺交換のオンライン化	同上

コロナ対策の産業構造への影響

　行動変容の経済・産業構造への影響には、プラス効果とマイナス効果があることがわかってきましたが、本書ではプラスであれマイナスであれ産業構造に影響を与える「行動変容項目」を「エフェクトファクター（影響要因）」と呼称したいと思います。そして、それぞれの「行動変容項目」を経済・産業構造にマイナスの影響を与える要因（マイナスエフェクト・ファクター（MEF））とプラスの影響を与える要因（プラスエフェクト・ファクター（PEF））に分類し、その影響の範囲・程度等の分析（エフェクトファクター分析）を行っていきたいと思います。

　そもそも、エフェクトファクターにはその効果がプラスであれマイナスであれ、経済や産業構造に与える影響に強弱があります。また、その強弱は産業側の有り様に影響されることもあります。そこで、こうしたエフェクトファクターの影響度合をマトリックス化してみたのが下表8です。

（表8）エフェクトファクターの影響度合マトリックス表

影響度合 　　　エフェクトファクター	売上増減程度	MEF	PEF
弱（特定産業の収益の軽微な増減）	0 ～ 10%	▼	△
中（特定産業の収益の増減）	20 ～ 50%	▼▼	△△
強（特定産業の衰退又は新規産業の創生）	50%超	▼▼▼	△△△

　実体経済は生産部門（Business Sector）と消費部門（Consumer Sector）に区分されますが、一般的に生産部門間での取引によって成り立つタイプの事業をB to Bビジネス、生産部門-消費部門間での取引により成り立つタイプの事業をB to Cビジネスといいます。こういった認識のもと、内閣官房がHPにアップしている「業種ごとの感染拡大予防ガイドライン一覧パンフレット」（第1章参照）を見てみると、業種全体の約85%がB to Cビジネスに該当し、B to Bビジネス、とくに製造業についてのガイドラインは経団連ガイドラインを除くとごく少数であることがわかります。これは今回のコロナショックのB to Cビジネスへの影響が甚大であることの証左といえるのではないでしょうか。そこで、あらためて「日本標準産業分類大分類表」に基づき、独自に産業別のエフェクト分析を行ってみたのが右表9です。

(表9)「日本標準産業分類大分類表」によるエフェクト分析

大分類記号	大分類名称	ビジネスタイプ	影響度合
A	農業、林業	BtoB、BtoC	▼▼
B	漁業	BtoB、BtoC	▼▼
C	鉱業、採石業、砂利採取業	BtoB	▼
D	建設業	BtoB、BtoC	▼
E	製造業	BtoB	▼
F	電気・ガス・熱供給・水道業	BtoB、BtoC	▼
G	情報通信業	BtoB、BtoC	△△△
H	運輸業、郵便業	BtoB、BtoC	▼
I	卸売業、小売業	BtoC	▼▼
J	金融業、保険業	BtoB、BtoC	△
K	不動産業、物品賃貸業	BtoB、BtoC	▼▼
L	学術研究、専門・技術サービス業	BtoB、BtoC	―
M	宿泊業、飲食サービス業	BtoC	▼▼▼
N	生活関連サービス業、娯楽業	BtoC	▼▼▼
O	教育、学習支援業	BtoC	▼
P	医療、福祉	BtoC	▼
Q	複合サービス事業	―	―
R	他に分類されないサービス業	―	―
S	公務(他に分類されるものを除く)	―	―
T	分類不能の産業	―	―

― は、不明を意味します。

　ここからはこの表を参考にしながら、プラスorマイナスの影響を受ける産業についてのトピックスをいくつか紹介していきたいと思います。

マイナスエフェクト産業種

　まずはマイナスの影響を受けるマイナスエフェクト産業種のなかでも、「弱いマイナスエフェクト産業種」について紹介します。

●JRA（日本中央競馬会）

　B to Cビジネスで売上高等の落ち込みがもっとも軽微な業種は、JRAではないかと思われます。その証左となるのが6月12日付のスポニチです。曰く「2020年度日本ダービー（優勝馬コントレイル）の勝馬投票券の売上は、233億5,390万円で対前年比92.3%。対前年比ではダウンとなったが、無観客開催でインターネット、電話投票のみの発売としては大健闘となった」とのこと。ゴシックの部分を勘案すれば、利益的にはむしろ増加しているかもしれません。テレワーク化を先進的にすすめてきた所以でしょうか。

●調剤薬局

　調剤薬局専門チェーン最大手のアイングループは、6月11日に2020年4月期の連結決算を発表しました。それによると、連結売上高2,929億円（計画比99.8%）、連結営業利益160億円（計画比97.4%）と売上・利益とも計画対比で微減にとどまっています。やはり、調剤薬局は多くの疾病患者にとって、欠くべからざる存在であるということでしょう。

　ついで中程度のマイナスエフェクト産業種について見ていきましょう。

●自動車産業

　5月12日から28日までの期間、6回シリーズで日本経済新聞に連載された「コロナ危機産業断面図」によると、自動車販売の落ち込みは4月が20%、5月が30%と見込まれています。公共交通機関の利用減少にともなう自家用車通勤の増加が、歯止めとなっているのかもしれません。

●不動産賃貸業

　オフィスビル仲介大手の三鬼商事は、5月7日に「都心5区（千代田、中央、港、新宿、渋谷）の4月の空室率は、前月より0.06ポイント上昇し1.56%となった。上昇は2カ月連続。賃料は76カ月上がりつづけているが、新築ビルの賃料はやや下がった」と発表しています。在宅勤務やテレワーク化の影響は、いまだ如実にはあらわれてはいないようです。

　最後に強いマイナスエフェクト産業種をあげてみたいと思います。

●接待を伴う飲食業

　マイナスエフェクトの強い業種として、まずあげなければならないのが「接待を伴う飲食業」です。政府・東京都・大阪府他において、クラスターが発生しやすい場所として指摘され、3密の権化のようにいわれてきました。内閣官房新型コロナウイルス感染症対策推進室は基本的対処方針中の「接待を伴う飲食店」の解釈について、以下のとおり公示しました（2020年6月4日付事務連絡）。

　「基本的対処方針中の『接待を伴う飲食店』にはキャバレー等の接待を伴う飲食店が該当するものであり、この『接待』とは飲食店の接客従事者等によるものを意味するものであること（※1）。したがって、『企業による取引先等の接待』はこれに該当しないものであること」

（※1）風営法における「接待」と同様に、「歓楽的雰囲気を醸し出す方法により客をもてなすこと（風俗営業等の規制及び業務の適正化等に関する法律等の解釈運用基準について（2018年1月30日））」等を想定している。

　また、西村康稔経済再生担当相は6月13日の記者会見で「接待を伴う飲食店等の3業種についての指針」についてつぎのとおり述べました。

　①店内では客、従業員ともマスクやフェースシールドを着用

　②人と人の距離をできるだけ2m、最低1m確保

　③感染者が出た場合に濃厚接触者を追えるよう客の連絡先は1カ月保存

　④一度に入店できる客を定員の50%に制限

　上記は指針ですから、もちろん強制力はありません。しかしながら、この指針が遵守されない状況がつづけば、おそらく風営法の改正強化も視野に入ってくることでしょう。「接待を伴う飲食業」はまさに存廃の危機に立たされている業種といえるでしょう。

●宿泊業

　日本政府観光局（JNTO）は、5月20日に「2020年4月の訪日外国人数は、前年同月比99.9%減の2,900人。2019年4月のわずか0.1%に過ぎず、これで7カ月連続で前年同月を下回ることになった。単月の訪日外国人数としては、JNTOが統計を取りはじめた1964年以降、過去最少だった」と発表しました。まさにインバウンド消費の消失を示すコメントです。すでに多くの外国人向けホテルや民泊が、存廃の瀬戸際に立たされていると思われます。

プラスエフェクト産業種

　先述したマイナスエフェクト産業種と同様、こちらでも弱い、中程度、強いの3つのパターンについてそれぞれ事例をピックアップしていきます。まず弱いプラスエフェクト産業種については以下のようになります。

●銀行業

第1次、第2次補正予算ならびに日銀の金融政策の実施（第3章参照）にともない、メガバンク・地銀等の融資残高は確実に増加していきます。したがって、この点だけを思料するならば、銀行業の業績トレンドはやや上向きになるかもしれません。

つづいて、中程度のプラスエフェクト産業種に関してはつぎのような産業があげられます。

●薬品メーカー・検査キットメーカー

アビガンを治験中の富士フイルムの子会社、ワクチンを開発中の武田薬品やアンジェス、あるいは検査キットを発売している栄研化学や富士レビオといった薬品あるいは検査キットメーカーの売上高は伸長していくものと思われます。

最後に強いプラスエフェクト産業種についてです。

●DX（デジタルトランスフォーメーション）関連業種

事業活動レベルの行動変容により、ウェブ会議やテレワーク需要が急増しており、かつ新型コロナウイルスの感染拡大が収まった後（いわゆるポストコロナ）にも、定着する可能性が高まっています。そのためDX（デジタルトランスフォーメーション）と呼ばれるITを活用したビジネスや生活の変革を促進するサービスは、今後も需要が伸びていくと予想されます。

米調査会社IDCの予測によると、2020年のDX支出の世界市場は前年比10.4％拡大して、約1.3兆ドルになる見通しです。たとえば、オフィス業務をテレワーク化するサービス、顧客情報をAIが分析しマーケティングに生かすサービスなど、さまざまなDX関連サービスが生み出されています。以下、主なDX関連サービス業種を紹介します。

・EC業界

新型コロナウイルスによる「巣ごもり消費」の拡大でEC（電子商取引）と呼ばれるインターネット上でモノやサービスを売買するサービスの需要が伸びています。たとえば、米アマゾンの2020年1月〜3月期決算の売上高は前年同期比26％増の754億5,200万ドル（約8兆900億円）とのことです。今後もしばらくは新型コロナウイルスの感染拡大への警戒心は根強く残り、実店舗の需要は低下し、ECの需要が伸びるものと思われます。

また、近年はD2C（ダイレクト・ツー・コンシューマー）という、自社で企画・生産した商品を、アマゾン等の流通業者を介することなく自社ECサイトで直接消費者に販売するビジネスモデルが注目されています。SNSを

介して顧客とつながることにより、広告費も抑えられるとともに、流通業者へ支払う手数料も抑えられるのが特徴です。2020年8月3日付の日本経済新聞によると、D2Cの基盤を提供するカナダのショッピファイの4〜6月の売上高は、7億ドル強（約750億円）と前年同期比で2倍に増えたそうです。

・動画配信サービス

　NetflixやAmazonプライム、YouTubeといった動画配信サービスも需要が伸びています。これまでのDVDレンタル事業と異なり、いつでもどこでも好きなデバイスでコンテンツを視聴することができるため、「巣ごもり需要」が追い風になりました。さらに、近年では視聴履歴に基づいたデータ集約型の作品製作が可能となり、視聴者好みのオリジナル作品を提供するコンテンツ会社として変貌を遂げつつあります。

・ウェブ会議サービス提供企業

　「Zoom」をはじめとしたウェブ会議システムの提供企業は、在宅勤務の需要により急速に売上を伸ばしています。事実、米ズーム・ビデオ・コミュニケーションズ（「Zoom」の運営会社）の2020年2〜4月期の売上高は前年同期比2.7倍の3億2,816万ドル（約360億円）となっています。なお、主なウェブ会議ツールについては、以下に比較表を掲載しますのでこちらをご覧ください。

（表10）ウェブ会議ツールの比較一覧表（2020年6月20日時点、筆者調べ）

項目	zoom	Microsoft teams	Cisco WebEx Meetings	Google Meet	LINE
提供会社	Zoom Video Communications, Inc.	Microsoft Corporation	シスコシステムズ合同会社	Alphabet Inc.	LINE株式会社
接続時間	24時間（※2）	時間制限なし	24時間（※3）	時間制限なし	同左
最大接続人数	1000名（※4）	250名	200名（※4）	250名（※4）	200名
アカウントの要不要	ホストのみ必要	同左	同左	同左	必要
画面共有機能	○	○	○	○	○
録画機能	○	○	○	○	○
スマホ等のモバイル接続	○	○	○	○	○
ホワイトボード共有	○	○	○	○	×

（※2）無料版：3名以上40分まで　（※3）無料版：50分まで　（※4）無料版：100名まで

・電子承認・電子契約サービス

　これまでは取引先との契約書や社内申請・承認のために捺印が必要で、テレワーク化したものの捺印のために出社せざるを得ない企業もあったようです。ただし、取引先との契約や社内申請に「ハンコ」は必須ではなく、今後は電子承認や電子契約へ移行する企業が増えるものと予測されます。

　電子契約では、たとえば弁護士ドットコムが先行しており、2020年1月28日付の日本経済新聞によると6万社超がすでに利用しているとのことです。また、稟議や経費精算をシステム化するラクスの「楽楽精算」等、電子承認サービス会社も増えつつあります。今後はこうしたサービスの需要も拡大していくことでしょう。

日本政府・日銀の経済政策

第3章　日本政府・日銀の経済政策

日本の金融システム

　金融経済（Monetary Economy）とは、経済システムのうち、資金取引（資金の供給・需要）にかかわる「金融システム」のことであり、資金供給者（資金余剰者）が供給する「資金（Money）」を資金需要家（資金不足者）が需要する経済活動のことを意味します。また「金融システム」には、政府や自治体の財政、企業活動だけでなく、個人の家計や複数国の経済主体まで含まれており、経済システム全体の安定・発展に欠かせない重要な要素となっています。そのため、各国の政府・中央銀行は「金融システム」の安定化を目指して、金融に関する諸法制度を整備し、行政による金融活動への管理・監督を行い、適宜に金融政策を発動します。現在ではこの「金融システム」の巨大化・グローバル化がきわめてすすんでおり、一国の財政危機による国債信用度低下あるいは一国の大手投資銀行の破綻などが世界中の金融情勢を悪化させ、遠い他国の中小企業や個人金融にまで影響を及ぼすほどになっています。そのため、複数国が協調して金融政策を発動するケースも非常に増えています。

〈図10〉通常時における金融システムの仕組み

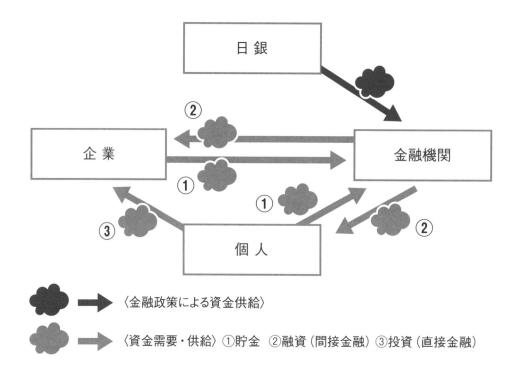

また、こうした経済活動を成り立たせるためには、資金の需要と供給をバランスさせる概念上の「場」が必要となります。それがいわゆる「市場」または「マーケット」です。そして、金融経済における「場」は「金融経済市場」と呼ばれ、下図11の構成要素（市場参加者、In-putならびにOut-put）から成り立っています。

〈図11〉　金融経済市場の構成要素

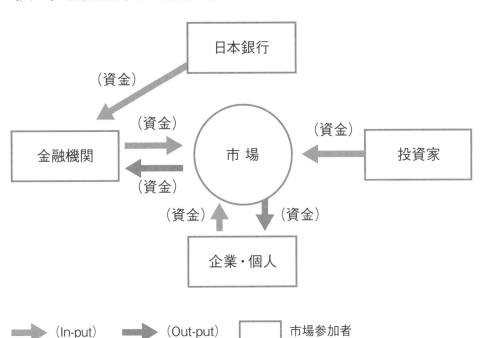

　図11では「最後の資金の出し手」といわれる「日本銀行」の役割を、金融機関を経由して資金供給に限定したものとしていますが、「日本銀行」は現実には直接「市場」に対しても資金供給をしています。とくに今回のコロナショックにおいては業を煮やしたのか、直接「企業」に対しての資金供給すら企図しています（さすがに「個人」への直接資金供給はなさそうですが）。

金融政策と金融市場の概要

　つぎに金融政策について考察したいと思います。金融政策とは、中央銀行（日本では日本銀行）が金融市場を通じて、資金の需要と供給（貨幣量）のバランスをとるための諸政策のことです。その前提となることが多いのが、貨幣量に関する基本的な方程式である「フィッシャーの交換方程式」であり、それはつぎの式であらわされます。

ＭＶ＝ＰＴ

Ｍ：貨幣量　Ｖ：貨幣の取引流通速度

Ｐ：物価　Ｔ：1期間における財・サービスの取引量

　ここで、Ｔを「ｙ：実質GDP」に置き換えると下記の算式となります。

ＭＶ＝Ｐｙ

そして、上式の両辺をＰで除すると以下の式となります。

$$y = \frac{1}{P} MV$$

　さらに、Ｐを貨幣の物価である「Ｒ：金利」に置き換えた算式が下記です。

$$y = \frac{1}{R} MV$$

　この算式を本書では「金融経済方程式」（方程式2）と呼称したいと思います。そして、この方程式からは「実質GDP（ｙ）」が「貨幣量（Ｍ）」と「貨幣の取引流通速度（Ｖ）」に比例すること、「金利水準（Ｒ）」に反比例することが見出せます。また、そのことによって金融政策上の3つのターゲット（以下に記載）が明らかになってきます。

（1）金利水準コントロール

（2）貨幣量（マネーサプライ）コントロール

（3）貨幣の取引流通速度（金融機関の信用創造速度）コントロール

　中央銀行の金融政策は、伝統的に上記（1）の「金利水準コントロール」によって行われてきましたが、先進諸国の金利水準がほぼ0％になり、当該政策の有効性に陰りが見えてきました。また、いくら金利を下げても、上記（3）の「金融機関の信用創造速度」が低下（金融機関が積極的にお金を貸さない状態）することにより、その効果は減殺されることになります（ジョン・メイナード・ケインズのいう「流動性の罠」の状態です）。そのため、現下の金融政策の中心は、上記の（2）、いわゆる「量的緩和」政策や（3）の「金融機関の信用創造速度」を上げさせる政策に力点が置かれるようになっています。日銀の金融政策もその例外ではありません。

　また、金融市場は「市場の参加者別」と「市場で扱う金融商品別」というふたつの観点に分類されますが、それらを含む金融市場は右図のように示すことができます。

〈図12〉 日本の金融経済市場

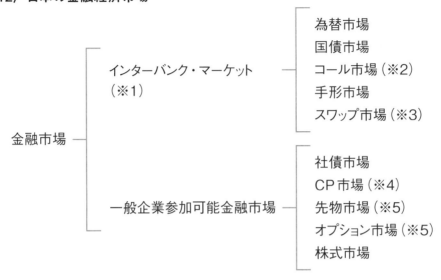

（※1）原則として、日銀と金融機関のみで構成される市場（場合により一般企業も参加）。日銀が公開市場操作（オペ）により、金利やマネーサプライ量をコントロールする主たる市場。
（※2）金融機関間の短期資金融通であるコールローンを扱う市場。
（※3）金利スワップ取引・通貨スワップ取引を扱う市場。
（※4）企業が資金を直接調達する場合に発行する有価証券（コマーシャル・ペーパー（CP））の発行・流通市場。
（※5）先物取引・オプション取引等のデリバティブ商品（金融派生商品）を取り扱う市場。

日銀の金融政策の全体像

　先ほど金融政策上の3つのターゲット（（1）金利水準コントロール、（2）貨幣量（マネーサプライ）コントロール、（3）貨幣の取引流通速度（金融機関の信用創造速度）コントロール）について触れましたが、実は日本銀行の金融政策もこれらの政策目標に沿って展開されています。日本銀行は2020年3月～5月の金融施策決定会合において、これらに合致する政策を矢継ぎ早に打ち出しました。ちなみに、国債以外の市中への資金供給合計額は年額87兆円にも上ります。

　まず、その金利水準手法から見ていきましょう。日銀が行っている金利水準コントロール手法は「イールドカーブ・コントロール」と呼称されますが、2020年5月22日に日本銀行が発表した「当面の金融政策運営について」（以下「5月22日付金融政策運営方針」）によると、現在の金融市場調節方針はつぎのようになっています。

（1）短期金利：日本銀行当座預金のうち政策金利残高に▲0.1％のマイナス金利を適用する。
（2）長期金利：10年物国債金利がゼロ％程度で推移するよう、上限を設けず必要な金額の長期国債の買入れを行う。その際、金利は、経済・物価情勢等に応じて上下にある程度変動しうるものとする。

そして、貨幣量（マネーサプライ）コントロールについては、つぎの①〜③を実施しています。

① 上場投資信託（ETF）の買入上限額をそれまでの年間6兆円から12兆円に拡大（5月22日付金融政策運営方針）。

② 政府の財政支出の増加を支えるために、国債については上限を設けず必要な金額を買い入れ（5月22日付金融政策運営方針）。

③ 2021年3月末までの期間、CP等・社債等の買入限度を大幅に緩和。CP等の買入限度を2兆円から9.5兆円に、社債等の買入限度を3兆円から10.5兆円に拡大（5月22日付金融政策運営方針）。

さらに、貨幣の取引流通速度（金融機関の信用創造速度）コントロールについても、つぎの①と②を実施しています。

①新型コロナ対応の特別オペの導入と実施額の25兆円への拡充。

②政府の緊急経済対策に対応する融資を行う金融機関に、①の利用残高に応じ、金融機関の日銀当座預金に0.1%のプラス金利を付す（補完当座預金制度における特別付利）。約30兆円規模。

具体的な日銀の政策内容

つづいて、日銀の政策内容をより詳細に見ていきましょう。

・上場投資信託（ETF）等の買入

正式名称を「指数連動型上場投資信託受益権等買入等」といい、「指数連動型上場投資信託受益権等買入等基本要領」によると、その概要は以下のようになっています。

1. 買入店

本店業務局

2. 買入対象

国内の金融商品取引所に上場されている指数連動型上場投資信託受益権等であって、つぎに掲げる要件をすべて満たすもののうち、買入対象とすることが適当でないと認められる特段の事情がないものとする。

（1）指数連動型上場投資信託受益権（ETF）にあっては、東証株価指数（TOPIX）、日経平均株価（日経225）またはJPX日経インデックス400（JPX日経400）に連動するよう運用されるものであること。

（2）不動産投資法人投資口（REIT）にあっては、当該投資口を発行する投資法人の債務が、「適格担保

取扱基本要領」に定める適格担保基準を満たすものであること。また、原則として、金融商品取引所において売買の成立した日数が年間200日以上あり、かつ当該金融商品取引所で行われた年間の売買の累計額が200億円以上であること。

・国債の買入

　正式名称は「国債買入オペ」で、「国債売買基本要領」によると、その概要は以下のようになっています。

1．売買店

　　本店業務局

2．売買対象国債

　　イ、変動利付国債及び物価連動国債以外の利付国債

　　ロ、変動利付国債及び物価連動国債

3．売買方式

　　イ、変動利付国債及び物価連動国債以外の利付国債

つぎのいずれかにより買入れる方式とする。

　　（A）利回り入札方式

　　　　売買対象先が売買の際に希望する利回りから日本銀行が別に定める基準利回りを差し引いて得た値を入札に付してコンベンショナル方式により決定、これにより売買する方式

　　（B）固定利回り方式

　　　　基準利回りに日本銀行が金融市場調節方針を踏まえて売買のつど国債の銘柄ごとに定める値を加えて得た利回りにより買入れる方式

　　ロ、変動利付国債および物価連動国債

　　　　売買対象先が売買の際に希望する価格から日本銀行が別に定める基準価格を差し引いて得た値を入札に付してコンベンショナル方式により決定、これにより買入れる方式とする。

・コマーシャル・ペーパーおよび社債等買入

　日銀が「コマーシャル・ペーパーおよび社債等買入基本要領」に基づいて行うCP等（※6）及び社債等（※7）の買入のことで、以下のような概要になっています。

（※6）コマーシャル・ペーパー、短期社債、不動産投資法人コマーシャル・ペーパー、短期不動産投資法人債、保証付短期外債、資産担保コマーシャル・ペーパー及び資産担保短期債券
（※7）社債及び不動産投資法人債

1．買入店

　　本店業務局

2. 買入対象

　　CP・社債等のうち、日本銀行が適当と認めるものとする。

3. 一発行体当りの買入残高の上限

　　一発行体当りの買入残高の上限は、CP等について1000億円、社債等について1000億円（※8）とします。

　　ただし、CP等、社債等のそれぞれについて、買入の時点において、日本銀行による買入残高が原則として入札日の3営業日前時点における一発行体の総発行残高の2割5分（※9）を超えているものについては、買入対象から除外します（※10）。

（※8）2021年3月31日までの間は、CP等については5000億円、社債等については3000億円とします。
（※9）2021年3月31日までの間は、CP等については5割、社債等については3割とします。
（※10）これらの上限額及び割合については、CP等については2021年4月1日から2022年3月31日までの間、それぞれ5000億円から1000億円まで及び5割から2割5分までの範囲内で、社債等については2021年4月1日から2026年3月31日までの間、それぞれ3000億円から1000億円まで及び3割から2割5分までの範囲内で、日本銀行が決定した額及び割合とします。

4. 買入方式

　　買入対象先が売買利回りとして希望する利回りを入札に付してコンベンショナル方式により決定し、これにより買入れる方式とする。

・新型コロナウイルス感染症対応金融支援特別オペ

　　こうした金融政策に加え、日銀はコロナショックにあたって「新型コロナウイルス感染症対応金融支援特別オペ」も実施しています。これは新型コロナウイルス感染症の拡大による経済活動への影響を踏まえ、適切な金融調節の実施を通じて、民間部門における金融面の円滑確保に万全を期すとともに、金融市場の安定を維持する観点から、共通担保として差入れられている民間債務及び新型コロナウイルス感染症対応として行われている中小企業等への融資残高の合計額の範囲内で、資金を貸付ける資金供給オペレーションのことです。「新型コロナウイルス感染症対応金融支援特別オペレーション基本要領」によると、その概要は以下のようになっています。

1. 貸付店

　　本店業務局または支店

2. 貸付対象先

　　（1）つぎのイ及びロに該当する金融機関等及び株式会社日本政策投資銀行のうち、別に定めるところにより選定した先とする。

　　　　イ．本行の当座預金取引の相手方であること

　　　　ロ．自己資本の状況及び考査等から得られた情報に照らし、信用力が十分であると認められること

　　（2）金融調節の円滑な遂行の観点からとくに必要と認める場合には、貸付対象先からの除外等の措置を講ずることができる。

3. 貸付方式

電子貸付とする。

4. 貸付期間

1年以内の期間とする。

5. 貸付利率

年0%とする。

6. 貸付先

貸付先は貸付対象先のうち希望する先とする。

7. 貸付先ごとの貸付限度額

貸付先ごとの貸付限度額は、つぎの (1) 及び (2) の合計額とする。ただし、貸付実行時点における当該貸付先が差入れている共通担保の担保余裕額相当額を超えることはできない。

(1) 各貸付先が貸付実行時点で共通担保として差入れている社債、短期社債、保証付短期外債、資産担保債券、資産担保短期債券、不動産投資法人債、短期不動産投資法人債、企業が振出す手形、不動産投資法人が振出す手形、コマーシャル・ペーパー、企業を債務者とする電子記録債権、不動産投資法人を債務者とする電子記録債権、企業に対する証書貸付債権 (米ドル建てのものを含む)、不動産投資法人に対する証書貸付債権及び住宅ローン債権信託受益権の担保価額相当額の合計額

(2) 各貸付先が別に定める時点で新型コロナウイルス感染症対応として行っている中小企業等への融資の残高に相当する金額のうち、つぎのイ及びロに掲げるものの合計額とする。

イ. 政府が予算上の措置を講じた信用保証協会による保証または利子減免にかかる制度を利用して行っている融資の残高に相当する金額

ロ. イ. の融資に融資条件の面で準じる融資の残高に相当する金額 (ただし、1000億円を上限とする)

・補完当座預金制度における特別付利

日銀が金融調節の一層の円滑化をはかる観点から、金融機関等から受入れる当座勘定における預り金 (以下「当座預金」) のうち、いわゆる「超過準備」(準備預金制度に基づく所要準備を超える金額) に「補完当座預金制度基本要領」に基づいて利息を付す制度。また、ここで示す「補完当座預金制度における特別付利」は通常の補完当座預金制度に加えて、一定条件を満たす補完当座預金残高に0.1%を特別に付利するものであり、先述した「新型コロナウイルス感染症対応金融支援特別オペ」を促進するために導入されました。

1. 対象先

以下のいずれかの条件を満たす者のうち、対象先とすることが適当でないと認められる特段の事情がない先とする。

（1）準備預金法第2条第1項に定める指定金融機関（以下「指定金融機関」）であること。

（2）指定金融機関でない当座勘定取引の相手方のうち、金融機関等（日銀法第37条第1項に規定する金融機関等をいう）であること。

2．対象となる預金

当座預金及び準備預り金（以下「対象預金」）とする。

3．適用利率

（1）年0％

付利対象積み期間における対象預金の平均残高のうち、法定準備預金額（準備預金法第2条第2項に定める法定準備預金額）に満つるまでの金額について

（2）年＋0.1％

付利対象積み期間における対象預金の平均残高から法定準備預金額を減じた金額（ゼロを下回る場合を除く）のうち、平成27年1月16日を起算日とする積み期間（準備預金法第7条第3項に規定する1月間）から同年12月16日を起算日とする積み期間までの期間における対象預金の平均残高（以下「基準平均残高」）から、付利対象積み期間における法定準備預金額を減じた金額（ゼロを下回る場合を除く）に満つるまでの金額について

（3）年0％

付利対象積み期間における対象預金の平均残高から法定準備預金額及び（2）の金額を減じた金額（ゼロを下回る場合を除く）のうち、つぎのイからハまでの合計金額に満つるまでの金額について

イ．基準平均残高に別に定める一定比率を乗じた金額

ロ．付利対象積み期間における下記①〜④の「基本要領」に基づく借入れ（円建てのものにかぎる）の平均残高

①「貸出支援基金運営基本要領」

②「新型コロナウイルス感染症対応金融支援特別オペレーション基本要領」

③「被災地金融機関を支援するための資金供給オペレーション基本要領」

④「平成二十八年熊本地震にかかる被災地金融機関を支援するための資金供給オペレーション基本要領」

ハ．ロ．の残高のうち、平成28年3月末における「貸出支援基金運営基本要領」及び「被災地金融機関を支援するための資金供給オペレーション基本要領」に基づく借入れの合計残高を上回る金額

（4）年－0.1％

付利対象積み期間における対象預金の平均残高から、法定準備預金額、（2）の金額及び（3）の金額を減じた金額（ゼロを下回る場合を除く）について

実体経済と市場

　金融政策について概観した後は、政府の財政政策について紹介していきますが、その前にまずは実体経済と市場の関係性について説明しておきたいと思います。実体経済（Real Economy）とは、経済システムのうち、「財（Goods）」（消費財（※11）・生産財（※12））の取引（供給・需要）にかかわる部分であり、企業生産者が供給する「財」を、他の企業生産者または個人消費者が需要する経済活動をいいます。実体経済が年々大きくなることを「経済が成長する」と表現し、GDP（Gross Domestic Product：国内総生産）等で計測されます。

　ちなみに、GDPとは一定期間内に国内で産み出された付加価値の総額のことで、その伸び率が経済成長率とされるほか、前年度からのGDP変化率は「経済成長率」と呼ばれ、経済が成長する指標とされます。また、GDPには「名目GDP」とインフレ調整を行った「実質GDP」があり、名目GDPを実質GDPで割ったものは「GDPデフレーター」と呼ばれ、インフレの程度をあらわす物価指数とされます。さらに、国内総生産をその国の人口で割った値は1人当たりGDPと呼ばれ、国ごとの経済状況を比較する際に用いられます。

（※11）消費財は個人消費者によって最終消費に供される「財」のことで、消費財の購入支出の合計はGDPの個人消費支出として集計されます。
（※12）生産財は企業生産者によって「他の生産財」を生産するために用いられる「財」であり、GDP集計上は設備投資支出となります。

　さて、こうした経済活動を成り立たせるためには、「財」の需要と供給のバランスを保つ必要があるわけですが、その概念上の場となるのがまさに「実体経済市場」であり、それは下図13に示す構成要素（市場参加者、In-putならびにOut-put）で成り立っています。

〈図13〉 実体経済市場の構成要素

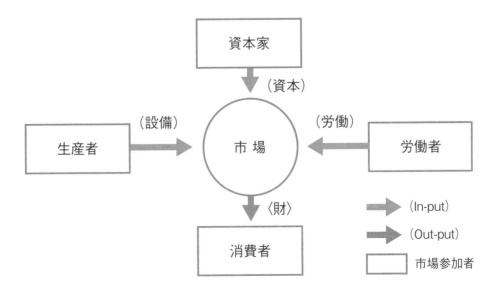

この図13のうち、「財」を「Out-put」する市場を「財市場」、各生産要素を「In-put」する市場を「要素市場」と呼びます。「要素市場」には「資本市場」「設備市場」「労働市場」が存在し、これらすべての要素により、実体経済を動かす実体経済市場が形成されています。

ただし、このモデルには「政府部門」が存在していないことに注意しなければなりません。あくまでも「原初的な資本主義」時代のモデルであり、こういった資本主義社会は「自由放任主義（レッセフェール）」と呼ばれています。この時代（18世紀）を象徴する経済学者のアダム・スミスによれば、生産者が「分業システム」により最効率に生産活動を行っている前提下では、政府部門がまったく介入しない自由放任された市場において、すべての需要と供給は「市場価格」によってのみ合理的・効率的かつ速やかにバランシングされることになります。このメカニズムこそがアダム・スミスがいうところの「神の見えざる手」なのです。

しかし、現代の資本主義社会においては、こうしたマーケットモデルに対して政府が盛んに介入してきます。その介入手法が「財政政策」と呼ばれるものなのですが、そのあたりについては後述したいと思います。

財政政策と市場

財政政策について述べていく前に、実体経済の動向を示す「実体経済方程式」（方程式3）を紹介しておきます。

Y = PT

Yは「名目GDP」、Pは「物価」、Tは「1期間における財・サービスの取引量」を指します。この方程式に則れば、「Y（名目GDP）」を増加させて景気を良くするためには、「P（物価）」を上昇させるか、「T（1期間における財・サービスの取引量）」を増大させなければなりません。また、「P（物価）」は日銀の政策ターゲットであり、「T（1期間における財・サービスの取引量）」は政府の財政政策のターゲットということになります。そういったことから、この方程式はつぎのように細分化されます。

Y = Pc×Tc（個人消費支出）＋ Pb×Tb（設備投資支出）
Pc：消費者物価　　Tc：1期間における消費財・サービスの取引量
Pb：生産者物価　　Tb：1期間における生産財・サービスの取引量

今回のコロナショックは、Tc（1期間における消費財・サービスの取引量）の劇的な減少により発生しました。したがって、それを回復させるためには、個人消費者による個人消費を増大させる対策を打たなければなりません。また、個人消費の基礎となる雇用を確保する政策も必要となるでしょう。こうした状況を受けて、政府が打ち出したのが第1次ならびに第2次補正予算です。はたして、これらは有効な処方箋だったのでしょうか。つづいて、その詳細を追ってみたいと思います。

第1次補正予算の大綱

　新型コロナウイルスの感染拡大による経済収縮を受けて、政府は事業規模117兆円という過去最大の緊急経済対策を盛り込んだ2020年度第1次補正予算を4月30日に成立させました。同予算は「家計向け支援策」「企業向け支援策」「経済構造改革」「雇用対策」「医療崩壊回避対策」の5分野に重点を置いたものとなっています。ここではこのうち、「企業向け支援策」の大綱について取り上げます。まず、その全体像を下表にて確認してみてください。

（表11）第1次補正予算企業向け支援策一覧表

No.	第1次補正予算 企業向け支援策	5%基準 （※13）	20%基準 （※14）	50%基準 （※15）	休業基準 （※16）
1	雇調金（1）　（※17）	○	○	○	○
2	保証協会保証（1）（※18）	○	○	○	○
3	特別貸付　（※19）	○	○	○	○
4	危機対応融資　（※20）	○	○	○	○
5	納税猶予　（※21）		○	○	○
6	保証協会保証（2）（※22）		○	○	○
7	持続化給付金　（※23）			○	○
8	雇調金（2）　（※24）				○
9	休業協力金　（※25）				○

（※13）売上高が前年同期比5%以上減少
（※14）売上高が前年同期比20%以上減少
（※15）売上高が前年同期比50%以上減少
（※16）緊急事態宣言後、自治体の要請で休業
（※17）休業させる従業員に企業が支払う休業手当の最大90%を国が助成
（※18）信用保証協会が借入債務の80%を保証（セーフティーネット保証第5号）
（※19）日本政策金融公庫が最大3億円融資
（※20）商工中金が最大3億円融資
（※21）法人税・消費税の納付を1年間猶予。担保・延滞税不要
（※22）信用保証協会が借入債務の100%を保証（セーフティーネット保証第4号）
（※23）最大で、個人事業主100万円、中小企業200万円の給付金
（※24）平均賃金の100%水準の休業手当を支払う場合、国が全額補助
（※25）各自治体で30万円〜100万円とばらつきがあります
（出典：2020年5月1日付日本経済新聞）

第1次補正予算における融資・保証制度

これらの支援策のなかから、まずは融資・保証制度に注目してみたいと思います。以下がその一覧表です。

（表12）第1次補正予算等企業向け融資・保証制度一覧表

No.	第1次補正予算等企業向け融資・保証制度	※14※18	※15	※16
1	新型コロナウイルス感染症特別貸付		✓	
2	危機対応融資			✓
3	新型コロナウイルス対策マル経融資			
4	セーフティネット貸付			
5	民間金融機関での実質無利子・無担保融資			
6	セーフティネット保証	✓		
7	危機管理保証			

そして、つぎにこの表に示した融資・保証制度の内容を紹介していきたいと思います。

1．新型コロナウイルス感染症特別貸付
（1）内容

新型コロナウイルス感染症の影響を受けて業況が悪化した事業者に対し、日本政策金融公庫が実施する特別貸付による資金繰り支援を受けることができます。信用力や担保によらず一律金利とし、融資後3年間まで0.9%の金利が引き下げられます。また、後述する「特別利子補給制度」と併用することで実質的に無利子化することができます。

（2）融資対象

新型コロナウイルス感染症の影響を受けて一時的な業績悪化をきたし、つぎの①または②のいずれかに該当し、かつ中長期的に業況が回復し発展することが見込まれる場合（※26）

①最近1カ月の売上高が前年または前々年の同期と比較して5%以上減少していること

②業歴3カ月以上1年1カ月未満の場合または店舗増加や合併など、売上増加に直結する設備投資や

雇用等の拡大を行っている企業（ベンチャー・スタートアップ企業を含む）など、前年（前々年）同期と単純に比較できない場合等は、最近1カ月の売上高が、つぎのいずれかと比較して5%以上減少していること

イ　過去3カ月（最近1カ月含む）の平均売上高

ロ　2019年12月の売上高

ハ　2019年10月〜12月の売上高平均額

（※26）個人事業主（事業性のあるフリーランスを含み、小規模にかぎる）は、影響に対する定期的な説明でも柔軟に対応

（3）資金の使いみち

　　運転資金・設備資金

（4）担保

　　無担保

（5）貸付期間

　　設備20年以内、運転15年以内（うち据置期間5年以内）

（6）融資限度額（別枠）

　　中小事業6億円（拡充前3億円）、国民事業8000万円（拡充前6000万円）

（7）金利（※27）

　　当初3年間基準金利▲0.9%、4年目以降基準金利

　　中小事業1.11%⇒0.21%、国民事業1.36%⇒0.46%

（8）利下げ限度額（※28）

　　中小事業2億円（拡充前1億円）、国民事業4000万（拡充前3000万円）

（※27）金利は2020年5月1日時点、貸付期間5年、信用力や担保の有無にかかわらず一律
（※28）「新型コロナウイルス対策マル経融資」「生活衛生新型コロナウイルス感染症特別貸付」及び「新型コロナウイルス対策衛経」との合計

2．危機対応融資

（1）内容

　　新型コロナウイルス感染症の影響を受けて業況が悪化した事業者に対し、商工組合中央金庫（以下「商工中金」）が実施する危機対応融資による資金繰り支援を受けることができます。信用力や担保によらず一律金利とし、融資後3年間まで0.9%の金利が引き下げられ、商工中金による危機対応融資の既往融資の借換えも可能になります。また、後述の「特別利子補給制度」と併用することで実質的に無利子化することができます。

（2）融資対象

　　新型コロナウイルス感染症の影響を受けて一時的な業績悪化をきたし、つぎの①または②のいずれかに該当し、かつ中長期的に業況が回復し発展することが見込まれる場合

①最近1カ月の売上高が前年または前々年の同期と比較して5%以上減少していること

②業歴3カ月以上1年1カ月未満の場合または店舗増加や合併など、売上増加に直結する設備投資や雇用等の拡大を行っている企業(ベンチャー・スタートアップ企業を含む)など、前年(前々年)同期と単純に比較できない場合等は、最近1カ月の売上高が、つぎのいずれかと比較して5%以上減少していること

イ　過去3カ月(最近1カ月含む)の平均売上高

ロ　2019年12月の売上高

ハ　2019年10月〜12月の売上高平均額

(3) 資金の使いみち

運転資金・設備資金

(4) 担保

無担保

(5) 貸付期間

設備20年以内、運転15年以内(うち据置期間5年以内)

(6) 融資限度額

6億円(拡充前3億円)

(7) 金利(※29)

当初3年間基準金利▲0.9%、4年目以降基準金利1.11%⇒0.21%

(8) 利下げ限度額

2億円(拡充前1億円)

(※29) 金利は2020年5月1日時点、貸付期間5年、信用力や担保の有無にかかわらず一律

3. 新型コロナウイルス対策マル経融資

(1) 内容

小規模事業者経営改善資金融資(通称:マル経)は商工会議所・商工会・都道府県商工会連合会の経営指導員による経営指導を受けた小規模事業者に対して、日本政策金融公庫等が無担保・無保証人で融資を行う制度になります。新型コロナウイルス感染症の影響により売上が減少した小規模事業者の資金繰りを支援するため、別枠1000万円の範囲内で当初3年間、通常の貸付利子から▲0.9%引き下げ、後述の「特別利子補給制度」と併用することで実質的に無利子化することができます。

(2) 対象

最近1カ月の売上高が前年または前々年の同期と比較して5%以上減少している小規模事業者

(3) 資金の使いみち

運転資金・設備資金

(4) 担保

無担保

(5) 貸付期間

設備10年以内、運転7年以内（うち据置期間 設備4年以内、運転3年以内）

(6) 融資限度額

別枠1000万円

(7) 金利

経営改善利率1.21%（2020年5月1日時点）より当初3年間▲0.9%引き下げ

(8) 利下げ限度額（※30）

4000万円（拡充前3000万円）

（※30）「新型コロナウイルス感染症特別貸付」「生活衛生新型コロナウイルス感染症特別貸付」及び「新型コロナウイルス対策衛経」との合計

4. セーフティネット貸付

(1) 内容

社会的、経済的環境の変化などの外的要件により、一時的に売上の減少などの業績が悪化しているが、中期的にはその業績が回復し、かつ発展することが見込まれる中小企業者の経営基盤の強化を支援する融資制度になります。新型コロナウイルス感染症の影響を踏まえた特例措置として、2020年2月14日よりセーフティネット貸付の要件を緩和し、「売上高が5%以上減少」といった数値要件にかかわらず、今後の影響が見込まれる事業者も含めて融資対象となりました。

(2) 資金の使いみち

運転資金・設備資金

(3) 貸付期間

設備15年以内、運転8年以内（うち据置期間3年以内）

(4) 融資限度額

中小事業7.2億円、国民事業4,800万円

(5) 金利（※31）

中小事業1.11%、国民事業1.91%

（※31）金利は2020年5月1日時点、貸付期間5年、貸付期間・担保の有無等により変動

5. 民間金融機関での実質無利子・無担保融資

(1) 内容

新型コロナウイルス感染症の影響拡大にともない、中小企業者への資金繰り支援を強化するため、都道

府県等による制度融資を活用して民間金融機関においても、実質無利子・無担保・据置最大5年の融資を受けることができます。あわせて、信用保証料を半額またはゼロとし、民間金融機関の信用保証付き既往債務の実質無利子融資への借換えを可能とし、事業者の金利負担及び返済負担を軽減することができます。

(2) 対象

つぎの売上減少を満たし、セーフティネット保証4号、5号、危機関連保証のいずれかの認定を受けていること

① 個人事業主（事業性のあるフリーランスを含み、小規模にかぎる）

売上高5%以上減少：保証料・金利ゼロ

② 小・中規模事業者（①を除く）

売上高5%以上減少：保証料1/2

売上高15%以上減少：保証料・金利ゼロ

(3) 担保

無担保

(4) 貸付期間

10年以内（うち据置期間5年以内）

(5) 融資限度額

4000万円（拡充前3000万円）

(6) 補助期間

保証料は全融資期間、利子補助は当初3年間

(7) 保証人

代表者は一定要件（法人・個人分離、資産超過）を満たせば不要（代表者以外の連帯保証人は原則不要）

6. セーフティネット保証

(1) 内容

経営の安定に支障が生じている中小企業者を、一般保証（最大2.8億円）とは別枠の保証の対象とする資金繰り支援制度になります。

(2) セーフティネット保証4号（自然災害等の突発的災害）

指定地域において1年間以上継続して事業を行っており、最近1カ月の売上高等が前年同月に比して20%以上減少しており、かつその後2カ月を含む3カ月間の売上高等が前年同期に比して20%以上減少することが見込まれる場合、一般枠とは別枠（最大2.8億円）で借入債務の100%の保証を受けること

ができます。指定期間は2020年9月1日までとなっています。2020年3月2日に全都道府県が対象に指定されています。

（3）セーフティネット保証5号（全国的に業況が悪化している業種）

指定業種に属する事業を行っており、最近3カ月間の売上高等が前年同期比で5%以上減少等している場合、一般枠とは別枠（最大2.8億円、4号と同枠）で借入債務の80%の保証を受けることができます。2020年5月1日から2021年1月31日まで、対象業者がほぼ全業種に指定されています。

7. 危機管理保証

（1）内容

全国の中小企業・小規模事業者の資金繰りが逼迫していることを踏まえ、全国・全業種の事業者を対象に「危機管理保証」（100%保証）として、最近1カ月の売上高等が前年同月に比して15%以上減少しており、かつその後2カ月を含む3カ月間の売上高等が前年同期に比して15%以上減少することが見込まれる場合、さらなる別枠（2.8億円）の保証を実施。これによりセーフティネット保証の枠とあわせて、最大5.6億円の信用保証枠を確保できます。

第1次補正予算における納税猶予制度

ここまで紹介してきた融資・保証制度のほかにも、政府は納税猶予制度も設けています。つぎにその詳細を見ていきましょう。

・新型コロナウイルス感染症の影響による申告・納付等の期限の個別延長

（1）内容

新型コロナウイルス感染症の影響により、期限までに申告・納付ができないやむを得ない理由がある場合には、申請することにより期限の個別延長が認められます。やむを得ない理由については、新型コロナウイルス感染症に感染した方はもちろん、体調不良により外出を控えている方や平日の在宅勤務を要請している自治体に住んでいる方、感染拡大により外出を控えている方など、新型コロナウイルス感染症の影響により、申告書を作成することが困難なケースなどが該当することになります。

（2）個別延長の対象税目

①個人

2019年分所得税及び復興特別所得税、贈与税、消費税及び地方消費税

②法人

法人税、地方法人税、消費税及び地方消費税、都道府県民税等、市町村民税等

③その他

相続税（申請を行った相続人等のみが延長されます）、源泉所得税、

各種申請や届出などの手続きも個別延長の対象となります。

(3) 手続き方法

別途、申請書を提出する必要はありません。下記の提出方法に従い申告書等を提出します。

①申告書等を書面により提出する場合

申告書の右上余白部分に「新型コロナウイルスによる申告・納付期限延長申請」等と付記します。源泉所得税の場合は、所得税徴収高計算書住所欄下の「摘要」欄に付記します。

②申告書等をe-Tax等により提出する場合

申告書等送信票または送付書の「特記事項」欄、「電子申告及び申請・届出名」欄または「添付書類名」欄に「新型コロナウイルスによる申告・納付期限延長申請」等と入力します。eITAXの場合は、送信票等がないので、申告書の「法人名」欄の法人名の後ろに「コロナのため」等と入力します。源泉所得税の場合は、所得税徴収高計算書住所欄下の「摘要」欄に入力します。

(4) 延長後の提出期限及び納期限

上記申告書等の提出日が申告期限及び納付期限となります。

納税の猶予制度の特例

(1) 内容

イベントの自粛要請や入国制限措置など、新型コロナウイルスの感染拡大防止のための措置に起因して多くの事業者の収入が急減しているという状況を踏まえ、収入に相当の減少があった事業者の国税について、無担保かつ延滞税なしで1年間、納税を猶予する特例が設けられました。

(2) 特例猶予の要件

つぎのいずれかの要件を満たす方が特例の対象となります。

①新型コロナウイルスの影響により、2020年2月以降の任意の期間（1カ月以上）において、事業等の収入が前年同期に比べて概ね20%以上減少していること。なお、収入には事業収入のほか、給与収入などの定期的な収入も含みますが、譲渡所得収入などの一時収入は含まれません。

②一時に納税することが困難であること

(3) 対象となる税目

①2020年2月1日から2021年1月31日までに納期限が到来する所得税、法人税、消費税等ほぼすべての税目が対象となります。なお、地方税も国税と同様の取り扱いとされています。

②上記①のうち、すでに納期限がすぎている未納の国税（他の猶予を受けているものを含む）についても、さかのぼってこの特例を利用することができます。

(4) 申請手続き

2020年6月30日または納期限（申告納付期限が延長されている場合は延長後の期限）のいずれか遅い日までに「納税の猶予申請書」を所轄の税務署長に提出します。

第1次補正予算におけるその他の給付金

・特別利子補給制度（実質無利子制度）

(1) 内容

日本政策金融公庫等の「新型コロナウイルス感染症特別貸付」「新型コロナウイルス対策マル経融資」等、商工中金等による「危機対応融資」により借入を行った中小企業者等のうち、売上高が急激に減少した事業者等は、利子補給の支援を受けることができます。また、公庫等の既往債務の借換えも実質無利子化の対象となります。

(2) 対象

日本政策金融公庫等の「新型コロナウイルス感染症特別貸付」「新型コロナウイルス対策マル経融資」等、商工中金等による「危機対応融資」により借入を行った中小企業者等で、特別貸付等借入申込時点の最近1カ月またはその後2カ月の3カ月間のうちいずれか1カ月と前年または前々年同月の売上高を比較し、以下の要件を満たす方（※32）（※33）

①個人事業者（事業性のあるフリーランスを含み、小規模にかぎる）

　　：要件なし

②小規模事業者（※34）（法人事業者）：売上高15％以上減少

③中小企業者（上記①②を除く事業者）：売上高20％以上減少

(3) 利子補給（※35）（※36）

　期間：借入後当初3年間

　補給対象上限：中小事業・商工中金は2億円（拡充前1億円）、国民事業は4000万円（拡充前3000万円）

（※32）業歴が3カ月以上を有する創業間もない方や1年以内に店舗拡大等を行った方は、前年または前々年ではなく、過去3カ月（最近1カ月を含む）の平均額・2019年12月・2019年10月〜12月の平均額のうちいずれかの売上高との比較も可能です。
（※33）2020年1月29日以降に日本政策金融公庫等から借入を行った場合も、上記要件に合致する場合は本制度の遡及が可能です。
（※34）製造業、建設業、運輸業その他業種は従業員20名以下、卸売業、小売業、サービス業は従業員5名以下
（※35）利子補給上限額は新規融資と公庫等の既往債務借換との合計金額
（※36）国民事業における利子補給上限金額は「新型コロナウイルス感染症特別貸付」「新型コロナウイルス対策マル経融資」「生活衛生新型コロナウイルス感染症特別貸付」及び「新型コロナウイルス対策衛経」との合計

・持続化給付金

（1）内容

　　感染症拡大により、営業自粛等によりとくに大きな影響を受ける事業者に対する給付金。事業の継続を支え、再起の糧とするため、事業全般に広く使うことができます。

（2）給付額

　　法人は200万円まで、個人事業者等は100万円までです。ただし、法人・個人事業者等のいずれも昨年1年間の売上からの減少分が上限です。給付額の算定は「前年の総売上（事業収入）－（前年同月比▲50％月の売上×12カ月）」によって行われます。一度給付を受けた方は、再度給付申請することができません。

（3）給付対象者

　①法人

　　資本金10億円以上の大企業を除く、中小法人等を対象とし医療法人、農業法人、NPO法人など、会社以外の法人についても幅広く対象となります。詳細は以下のとおりです。

　イ　2020年4月1日時点において、つぎのいずれかを満たす法人であること。ただし、組合もしくはその連合会または一般社団法人については、その直接または間接の構成員たる事業者の3分の2以上が個人またはつぎのいずれかを満たす法人であることが必要です。

　（i）資本金の額または出資の総額が10億円未満であること。

　　※「基本金」を有する法人については「基本金の額」と、一般財団法人については「当該法人に拠出されている財産の額」と読み替えます。

　（ii）資本金の額または出資の総額が定められていない場合は、常時使用する従業員の数が2000人以下であること。

　ロ　2019年以前から事業により事業収入（売上）を得ており、今後も事業を継続する意思があること。

　ハ　2020年1月以降、新型コロナウイルス感染症拡大の影響等により、前年同月比で事業収入が50％以上減少した月があること。

　　※対象となる月は2020年1月から申請する月の前月までの間で、前年同月比で事業収入が50％以上減少した月のうち、ひと月を任意で選択できます。対象となる月の事業収入については、新型コロナウイルス感染症対策として地方公共団体から休業要請にともない支給される協力金などの現金給付を除いて算定することができます。

　②個人事業者等

　　フリーランスを含む個人事業者が広く対象となります。詳細は①法人のロ及びハに記載のとおりです。

（4）不給付要件

　　法人は以下のいずれかに該当する場合、個人事業者等は以下②④⑤のいずれかに該当する場合、給付

対象外となります。

①国、法人税法別表第一に規定する公共法人

②風俗営業等の規制及び業務の適正化等に関する法律に規定する「性風俗関連特殊営業」、当該営業に係る「接客業務受託営業」を行う事業者

③政治団体

④宗教上の組織もしくは団体

⑤給付金の趣旨・目的に照らして適当でないと中小企業庁長官が判断する者

(5) 申請期間・申請方法

2020年5月1日から2021年1月15日までに、持続化給付金の申請用HP（https://jizokuka-kyufu.jp）からの電子申請で行います。

・休業協力金

各都道府県からの休業や営業時間の短縮の要請に協力した事業者（支給対象外とされる施設があります）に対して支給されます。協力金の金額や支給要件は、各都道府県及び市区町村によって異なります。北海道、東京都、大阪府における休業協力金は以下のとおりです。

(1) 北海道（休業協力・感染リスク低減支援金）

①支給額

休業の場合は法人が30万円、個人事業者が20万円です。酒類の提供時間の短縮（午後7時まで）の場合は、法人・個人事業主を問わず10万円です。

②申請受付期間

2020年4月30日から2020年7月31日まで。

(2) 東京都（第2回感染拡大防止協力金）

①支給額

50万円（ふたつ以上の店舗・施設で休業等に取り組む事業者は100万円）です。

②申請受付期間

2020年6月17日から2020年7月17日まで。

(3) 大阪府（休業要請支援金）

①支給額

中小企業は100万円、個人事業主は50万円です。いずれも、大阪府と市町村で1/2ずつ負担とされています。

②申請受付期間

2020年6月20日まで。

第2次補正予算の大綱

　政府がまとめた2020年度第2次補正予算が6月12日に成立しました。6月13日付の日本経済新聞によれば、その2本柱は「企業を支える」「雇用を支える」で、「医療従事者」「困窮学生」「フリーランス」「ひとり親世帯」にも目配りをしているとのことです。このうち、ここでは「企業を支える」「雇用を支える」の2本柱を取り上げてみたいと思います。

・企業を支える

　企業を支える政策は「大企業から中小まで資金繰りを重点支援」を目指すもので、「融資による支援」「資本性資金」「その他」の諸政策から構成されています。概略は下表のとおりです。

(表13) 第2次補正予算企業向け支援策一覧表

	融資による支援		資本性資金		その他
事業規模	67兆円		12兆円		―
大企業	危機対応融資	商工中金他による条件充足企業向け融資	日本政策投資銀行他	劣後ローン	海外子会社支援（※37）
中堅企業		上記融資に関する金利優遇		上記ローンに関する金利優遇	家賃支援給付金
中小企業	実質無利子融資（日本政策金融公庫他）		日本政策金融公庫他による劣後ローン		

(※37) 資金繰りが悪化した海外子会社に対する民間の融資を「融資保険」で支援するために日本貿易保険 (NEXI) の保険引受額政府保証得枠を1.5兆円に拡充。

・雇用を支える

　雇用を支える政策は企業に支給する雇用調整助成金の下記2点の改革により実施されます。

(1) 雇用調整助成金の上限引き上げ

(2) 休業者に直接支給する制度の新設

第2次補正予算の融資による支援

　概略をおさえたところで、詳細についても確認していきましょう。まずは融資に関してはつぎのような支援が盛り込まれています。

・日本政策金融公庫及び商工組合中央金庫等による資金繰り支援

(1) 内容

　　新型コロナウイルス感染症の影響により、業況が悪化している中小企業・小規模事業者・個人事業主（事業性のあるフリーランスを含む）等の資金繰り支援を継続実施するため、出資金により日本政策金融公庫等の財政基盤を強化します。第2次補正予算では、特別貸付限度額及び当初3年間0.9%の金利引下げ限度額を拡充し、中小企業・小規模事業者・個人事業主（事業性のあるフリーランスを含む）の資金繰り支援に万全を期しています。

(2) 融資対象

　　新型コロナウイルス感染症の影響により、最近1カ月の売上高が前年または前々年の同期と比較して5%以上減少しているもの、また業歴3カ月以上1年1カ月未満の場合等は過去3カ月（最近1カ月を含む）の平均売上高と比較して5%以上減少しているものなど。なお、個人事業主（事業性のあるフリーランスを含み、小規模にかぎる）については、影響に対する定期的な説明でも柔軟に対応。

(3) 資金の使いみち

　　運転資金・設備資金

(4) 担保

　　無担保

(5) 貸付期間

　　設備20年以内、運転15年以内（うち据置期間5年以内）

(6) 融資限度額

　　中小事業6億円（別枠）、国民事業8000万円（別枠）

　　商工中金等（以下、「危機対応」）6億円

(7) 金利（※38）

　　当初3年間基準金利▲0.9%、4年目以降基準金利

　　中小事業・危機対応1.11%⇒0.21% 国民事業1.36%⇒0.46%

(8) 利下げ限度額

　　中小事業・危機対応2億円、国民事業4000万円

（※38）金利は2020年5月1日時点、貸付期間5年、信用力や担保の有無にかかわらず一律

・特別利子補給制度（実質無利子）

（1）内容

一定の要件を満たした事業者に対して、既往債務の借換部分を含め、借入後3年間の利子補給を実施することで、実質無利子化する制度。第2次補正予算では利子補給の上限額を拡充します。

（2）対象

日本政策金融公庫等の新型コロナウイルス感染症特別貸付等により借入を行った中小企業者等で、以下の要件を満たす方

①個人事業者（事業性のあるフリーランスを含み、小規模にかぎる）

　：要件なし

②小規模事業者（法人事業者）（※39）：売上高15%以上減少

③中小企業者（上記①②を除く事業者）：売上高20%以上減少

（※39）製造業、建設業、運輸業その他業種は従業員20名以下、卸売業、小売業、サービス業は従業員5名以下

（3）利子補給

期間：借入後当初3年間

補給対象上限：中小事業・危機対応2億円、国民事業4000万円

利子補給上限額は新規融資と公庫等の既往債務借換との合計金額

・民間金融機関での実質無利子・無担保融資

（1）内容

新型コロナウイルス感染症の影響により、経営の安定に支障をきたしている中小・小規模事業者・個人事業者に対し、都道府県等が実施する制度融資を活用し、保証料ゼロや実質無利子化を実現します。第2次補正予算では融資上限額を拡充し、資金繰り支援に万全を期しています。

（2）対象

つぎの売上減少を満たし、セーフティネット保証4号、5号、危機関連保証のいずれかの認定を受けていること

①個人事業主（事業性のあるフリーランスを含み、小規模にかぎる）

　売上高5%以上減少：保証料・金利ゼロ

②小・中規模事業者（①を除く）

　売上高5%以上減少：保証料1/2

　売上高15%以上減少：保証料・金利ゼロ

（3）担保

無担保

（4）貸付期間

　　10年以内（うち据置期間 5年以内）

（5）融資限度額

　　4000万円

（6）補助期間

　　保証料は全融資期間、利子補助は当初3年間

・株式会社日本貿易保険による海外日系子会社運転資金支援

　　新型コロナウイルスの流行により、多くの日系企業の海外現地子会社の経営が悪化し、運転資金が途切れないよう手元流動性を確保する必要性が増しています。一方で、世界的に経済的リスクが顕在化したことで、資本市場は資本供給に慎重になりつつあります。こうした状況を踏まえ、資金繰りが悪化している海外日系子会社に対して、民間金融機関が行う融資リスクを株式会社日本貿易保険（NEXI）が前面に立って引き受け、海外日系子会社運転資金支援ができるよう、NEXIに対する政府保証枠を拡充します。

・危機対応融資（中堅・大企業向け資金繰り融資）

（1）内容

　　日本政策金融公庫の貸付等により、指定金融機関である商工組合中央金庫等が、業況が悪化している事業者の資金繰りを支援するため、長期の融資を行います。この制度の実施にあたり、日本政策金融公庫が指定金融機関に利子補給することで、中堅企業については、▲0.5%の利下げを行います。

（2）対象

　　新型コロナウイルス感染症の影響により最近1カ月の売上高が、前年または前々年の同期比5%以上減少しているものなど

（3）資金の使いみち

　　運転資金・設備資金

（4）貸付期間

　　設備20年以内、運転15年以内（据置期間5年以内）

（5）融資限度額

　　上限なし

（6）金利

　　通常金利（中堅企業（※40）は当初3年間▲0.5%の利下げ）

（※40）中堅企業とは資本金10億円未満であって中小企業者以外の法人のことを指します。

・資本性資金

　新型コロナウイルス感染症の影響は戦後最悪の経済の落ち込みになり、今後、さらに厳しい企業の状況が明らかになっていきます。緊急融資や現金給付などで当面の資金手当てはまかなえるものの、新型コロナウイルス感染拡大の「第2波」を防ぐために、行動自粛をつづける必要があり、経済回復にはまだまだ時間がかかることになりそうです。

　こうしたなか、大企業・中堅企業を救うための資本注入策として、日本政策投資銀行などが劣後ローン等を使って資本支援する仕組みを整えたり、地域経済活性化支援機構が劣後ローン等の資金手当てを行える体制を整えたりしています。なお、日本政策投資銀行や地域経済活性化支援機構等が用意している劣後ローンの条件や特性は以下のようになっています。

1. 資本性借入金（劣後ローン）の償還条件については、一般には資本に準じて、原則として「長期間償還不要な状態」であることが必要と考えられます。
2. 具体的には、契約時における償還期間が5年を超えるものであることが必要です。
3. 劣後ローンは期限一括償還が原則でありますが、期限一括償還でなくても、長期の据置期間が設定されているなど、期限一括償還と同視できるような場合には、「資本性借入金」とみなして取り扱うことが可能です。
4. 劣後ローンには一般の債権より支払い順位が「劣る」という特性があります。仮に借入れた企業が倒産した場合、劣後ローンの返済は後回しになります。

　ただ、劣後ローンはそもそも融資期間が5年超20年以内の長期間にわたる融資です。経営が計画通りにすすむことは稀ですが、劣後ローンを受ける場合は、しっかりと事業計画書を作成し、融資期限が到来するときに返済できるように準備しておくことが大切です。

・家賃支援給付金

（1）内容

　新型コロナウイルス感染症を契機とした5月の緊急事態宣言の延長等により、売上の急減に直面する事業者の事業継続を下支えするため、地代・家賃（賃料）の負担を軽減することを目的として、テナント事業者に対して「家賃支援給付金」が支給されます。本制度の詳細については、現在検討中とされています（2020年6月16日時点）。

（2）対象

　テナント事業者のうち、中堅企業、中小企業、小規模事業者、個人事業者等であって、5月～12月において以下のいずれかに該当する者に給付金が支給されます。

①いずれか１カ月の売上高が前年同月比で50％以上減少

②連続する３カ月の売上高が前年同期比で30％以上減少

・雇用調整助成金

（1）内容

　通常時の雇用調整助成金は、経済上の理由により事業活動の縮小を余儀なくされた事業主が雇用の維持をはかるための休業手当に要した費用を助成する制度です。新型コロナウイルス感染症にかかる特例措置においては、具体的に以下のような拡充措置がはかられています。

　①生産指標要件の緩和

　　通常時の雇用調整助成金では、売上高または生産量などの事業活動を示す指標の最近３カ月間の月平均値が前年同期に比べ10％以上減少していることが要件ですが、特例措置では原則として最近１カ月間の値が１年前の同じ月に比べ、5％以上減少していれば要件を満たすことができます。比較対象とする月についても、柔軟な取り扱いが定められています。

　②対象労働者の拡充

　　通常時の雇用調整助成金では雇用保険被保険者に限定されますが、特例措置では学生アルバイトなどの雇用保険被保険者以外の方に対する休業手当も、緊急雇用安定助成金により支給対象となります。

　③助成額の上限額の引上げ

　　１人１日当たりの上限額が、通常の雇用調整助成金では8330円となっていますが、特例措置により１万5000円に引き上げられました。

　④支給対象日数の拡大

　　通常時の雇用調整助成金の支給限度日数は１年で100日分、３年で150日分ですが、特例措置により緊急対応期間中（2020年４月１日〜2020年９月30日）に実施した休業などは、この支給限度日数とは別に支給を受けることができます。

（2）支給申請の手続き

　事業所の所在地を管轄する都道府県労働局またはハローワークで行います。来所せずに、郵送やオンラインでの提出もできます。

財政・金融政策の帰結

　さまざまな政策面での対策を見てきましたが、ここであらためて「実体経済方程式」に注目したいと思います。

$$Y = P \times T$$

$$Y = Pc \times Tc（個人消費支出）+ Pb \times Tb（設備投資支出）$$

Y：名目GDP　P: 物価　T:1期間における財・サービスの取引量

Pc：消費者物価　Tc：1期間における消費財・サービスの取引量

Pb：生産者物価　Tb：1期間における生産財・サービスの取引量

　今回のコロナショックにより、まずこの方程式のTcが急減（消失）、そしてTbも縮減します。この結果、Yが年率換算30%とも40%ともいわれる落ち込みとなる可能性が高く、そうなればリーマンショック（※41）を上回る不況局面となり、まさに「コロナ恐慌」の様相を呈することになるでしょう。

　それに対して日銀は金融政策を、政府は財政政策を展開しましたが、「コロナ対策」にともなう「行動変容」による減殺効果が大きく、なかなかスムーズな回復にいたっていません。こうした状況をより深く考察するために、ここからはもう少し「コロナ恐慌」のメカニズムを見つめ直してみたいと思います。そして「コロナ恐慌」の一方で起こりつつある「株価の上昇」（金融経済における「コロナバブル」）のメカニズムについて検証していきます。

（※41）2008年9月に米国の投資銀行リーマン・ブラザーズが経営破綻（引き金となったのはサブプライムローン問題による資産価格の暴落）したのを機に世界規模で発生した金融危機とその後の世界同時不況。

コロナバブルとは何か

　5月9日につぎのような衝撃的なニュースが飛び込んできました。

　「米マイクロソフトや米アップルなど時価総額上位5社の合計が、東証1部約2170社の合計を上回った。テレワークやインターネット通販など新型コロナウイルスで変容した生活様式でも勝ち組で、自動車などの次世代技術での投資余力も大きいことから評価を集める。米アルファベット（グーグル持ち株会社）、米アマゾン・ドット・コム、米フェイスブックと合わせ、市場で「GAFAM」とも呼ばれる。5社の時価総額は合計で約5兆3000億ドル（約560兆円）に達し、東証1部（約550兆円）を初めて超えた」（QUICK・ファクトセット調べ）

　実に景気の良い話ですが、実際の景気は悪いままです。これが「不況下における株高」といわれる現象の最たるものといえます。実体経済における「コロナ恐慌」、金融経済における「コロナバブル」が併存する可能性が現実味を帯びつつあるのです。そもそも、実体経済における「コロナ恐慌」はまさに「経済実態」をあらわしていますが、金融経済、とくに「株式市場」は実体経済と乖離しがちです。そして、株価が実体経済と乖離した水準に上昇することで、いわゆる「バブル」が生じてしまうのです。

それにしても、どうしてこのような現象が起こっているのでしょうか。その要因は大きくふたつ考えられます。ひとつ目は「株式市場」特有の要因です。一般的に「株価」は、景気の先行指数であるといわれ、概ね実体経済の動向に比して、6カ月程度先行して動くといわれます。この株価の本来的な特性から「コロナ恐慌」を一過性と見る向きが、株式を買うわけです。ただ、この要因は株式市場の本来的な先行指標性によるものなので、おそらくこれだけで「バブル」が生じることはないでしょう。では、もうひとつの要因は何か。それが「財政政策」と「金融政策」の実施効果の「歪み」です。詳細な分析検討は後述しますが、端的にいうと、本来、新型コロナウイルス感染症により弱体化した実体経済主体（企業・個人等）に届くべき「金（Money）」がそういったところに届かずに、株式市場に雪崩れ込むことにより「コロナバブル」が引き起こされつつあるのではないでしょうか。

コロナ恐慌とコロナバブルの同時発生

新型コロナウイルス感染症に対する経済対策の総額は、単純に足し算すると以下のとおりになります。

第1次補正予算	117兆円
第2次補正予算	100
金融政策	75
単純合計	292兆円

この数値はGDP（約540兆円）、東証時価総額（約550兆円）と比べても、莫大な額です。「バブル」は過剰なマネー（過剰流動性）によって引き起こされるので、仮にこの金額すべてが株式市場に回ったら、とんでもない「バブル」が生じるでしょう。

では、実際に今回の第1次・第2次補正予算及び金融政策の原資（ほぼ全額が日銀発）はどのような流れをたどったのでしょうか。その考察をすすめるにあたって「金融経済方程式」を活用したいと思います。

$$y = \frac{1}{R} MV$$

M：貨幣量　V：貨幣の取引流通速度

R：金利　y：実質GDP

この方程式を前提として「実質GDP」の引き上げを目指すと、日銀の金融政策上のターゲットは以下の3つになります。

（1）金利水準を引き下げる。

（2）貨幣量（マネーサプライ）を増やす。

（3）貨幣の取引流通速度（金融機関の信用創造速度）を速める。

ところが、今回のコロナショックにおいて発動される「コロナ対策」とそれによる「行動変容」の影響によって、「実質GDP」が増大できなければどうなるでしょうか。算式右辺により大量供給された「マネーサプライ」は、「マネー」による「サイトカインストーム」のごとく、行き場を求めて溢れかえってしまうはずです。では、「マネー」はどのような経路をたどって、溢れかえってしまうのでしょうか。

ここで、図12にあらためて注目してみたいと思います。元来は図12に示された10の市場のうち、インターバンク・マーケットに属する国債市場、コール市場及び手形市場が、日銀が金融機関を通してあるいは直接に「資金を供給する径路」でした。これに対して、5つの一般企業参加可能金融市場は、金融機関・一般企業・個人・外国人投資家等が「資産運用」する市場であって、日銀の資金供給とは無関係でしたが、その後の金融政策の拡大（量的緩和政策）により、時と場合によっては社債市場、CP市場ならびに株式市場が日銀の「資金供給径路」として使われるようになったのです。

〈図12〉 日本の金融経済市場

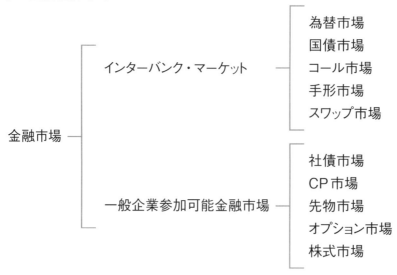

日銀の資金供給経路をより具体的に見ていきましょう。図12を「日銀からの資金供給径路市場」と「一般企業他の資産運用市場」という観点から分類整理（為替市場は割愛）すると、右図14のようになります。

〈図14〉 金融市場の資金径路別分類

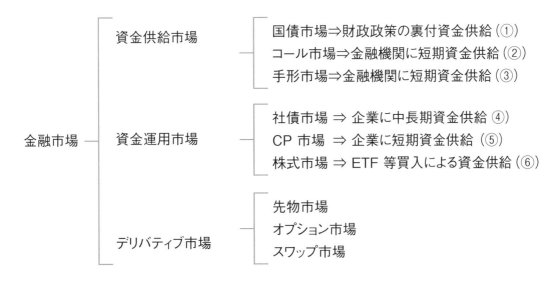

この図を見ると、日銀から株式市場に「マネー」が流れる経路は、ETF 等買入による資金供給（⑥）だけのように思われます（これだけでも、年間12兆円と十分に巨額です）。しかし、実は資金供給ルート①〜⑤により供給される資金の多くが、実体経済の拡張に向かわずに、株式市場における株式の購入に向かう可能性があることに注意しなければなりません。そして、ここでもう一度「実体経済方程式」を見ていただきたいと思います。

Y = Pc×Tc（個人消費支出）+ Pb×Tb（設備投資支出）

Y：名目GDP

Pc：消費者物価　Tc：1期間における消費財・サービスの取引量

Pb：生産者物価　Tb：1期間における生産財・サービスの取引量

一定の「物価（P）」の下で「名目GDP（Y）」が成長するためには、TcまたはTbの増加が必要です。しかしながら、今回のコロナ恐慌下においては、いくら資金供給ルートの①〜⑤により資金を供給しても、新型コロナウイルス感染症が克服されるまでは、Tc及びTbの増加は望めないと思われます（半導体産業等における設備投資の増大等の例外的な動きはあると思われますが）。そのため、資金供給を受けた企業等は当該資金を不要不急の資金として、余剰資金化してしまったり、投資に回してしまったりする可能性があるのです。

この点について、ひとつだけ具体的な「ヒント」を申し上げるならば、表12第1次補正予算等企業向け融資・保証制度一覧表に記載されたNo.2〜4に着目していただきたいと思います。これらの政策は4つの基準（5%基準、20%基準、50%基準及び休業基準）のすべてに適用されますが、もっとも多くこの融資制度を活用する

企業は5%基準に該当する企業である可能性が高いと考えられます。しかし、新型コロナウイルス感染症の影響で、売上高がたった5%しか減少していない企業がはたして資金繰りに窮しているでしょうか。そして、そこにまったく不要不急の資金、それもきわめて低金利かつ長期返済の資金が流れ込んだらどうなるでしょうか。あとはご想像にお任せしますが、「NY株、33年ぶり上昇率」(5月1日付日本経済新聞)、「NY株、455高　ハイテク株5連騰、米、実体経済と乖離」(5月9日付日本経済新聞)といった記事が出ていることからもわかるように、米国においても同様の事態が発生しているようです。

財政・金融政策の帰結の選択肢

　今回の新型コロナウイルス感染症の拡大に対応して、政府・日銀はごく単純に合計すれば、第1次補正予算、第2次補正予算及び日銀の金融政策をあわせて約292兆円もの対策を矢継ぎ早に打ち出しました。その財源の多くはいわゆる「赤字国債」です。財務省が発表している普通国債の2020年度における発行残高は896兆円(対GDP比158%)となっていますが、今回の新型コロナウイルス感染症対策の追加発行により、その残高はさらに膨らむことになるでしょう。このようないわゆるヘリコプターマネー(政府や中央銀行が国債買入で財政資金を供給する政策)的な財政・金融政策の行きつく先としては、つぎの3つのケースが考えられます。

　Case1：財政破綻とデフレーション
　Case2：ハイパーインフレーション局面をともなうスタグフレーション
　Case3：物価が安定し金利もゼロ近傍で推移する可能性

　従来の経済理論や財政学的には、上記のCase1もしくはCase2の可能性が高いとされますが、Case3の可能性も捨てきれません。その理論的バックボーンとされるのがMMT理論です。

MMT理論による考察

　MMT(Modern Money Theory：現代貨幣理論)は、20世紀初頭の大恐慌時代に登場したケインズ経済学の流れを汲む「ポストケインズ派」と呼ばれる経済学者らによって体系付けられたマクロ経済学理論の一種です。その内容は従来の経済学における常識を根底から覆すものであり、多くの経済学者や財界関係者から批判を浴びる一方、熱狂的な支持者も多数生み出し、その是非をめぐっては今も激しい議論がつづけられています。
　MMTでは「自国通貨を発行できる国家(政府)が、自国通貨建ての債務によりデフォルトに陥ることはない」

ことから、政府は財政赤字の拡大をいとわず、積極的な財政支出により貨幣を供給し、有効需要を喚起すべきであると主張されます（ただし、その範囲は市場の供給能力のかぎりであるという制限が付きます）。また、膨大な政府債務を抱えながらも財政破綻しない日本は、しばしばその正当性を裏付けるサンプルとされます。以下にこのMMTの特徴を簡単にまとめてみたのでご覧ください。

①主権通貨国の政府は、租税に頼らず自在に通貨を発行できる

②納税より納税するための通貨発行が先（スペンディングファースト）

③租税公課の存在が貨幣の需要を生み、その流通を促している

④預金は銀行が貸出を行うことで創造される（キーストロークマネー）

⑤政府と中央銀行は一体的な存在である（統合政府）

⑥国債残高は統合政府が投入した貨幣の記録であり、負債にあたらない

⑦政府収支＋民間収支＋海外収支＝0である　※日本においては海外収支が他のふたつに比べて非常に
　　小さく、政府収支＋民間収支≒0と見なすことができるため、民間の黒字＝政府の赤字となる

⑧インフレーションは、租税によるコントロールが可能である

　このMMTの観点を踏まえて、今回の新型コロナウイルス感染症にともなう大型の財政支出をあらためて考察してみましょう。すると、デフレ圧力が強まっている現在の日本において、政府から民間への積極的な通貨の投入は有効需要を喚起する良策と考えられます。また、政府が財政破綻する可能性はきわめて低いため、このまま国内経済が緩やかなインフレ基調に乗るまでは、同様の政策を継続することが望ましいといえます。

　しかしながら、著名な経済評論家や政府関係者が、これらの負債はかならず租税で返済されなければならないと喧伝していることから、国民感情として持続的に需要が高まり、インフレ圧力が強まる可能性は低いでしょう。そう考えると、先述したように「コロナバブル」の発生には留意する必要はあるものの、物価・金利ともに「ビフォーコロナ」と変わらず安定して推移するといった転帰をたどる可能性も十分にあるように思われるのです。

コロナ新常態社会における
7割経営

第4章　コロナ新常態社会における7割経営

7割経営の到来

　5月26日付けの日本経済新聞で「『7割経済』向き合う企業」と題して、つぎのような記事が掲載されました。「新型コロナウイルスとの共存も迫られるなか、さまざまな分野で感染防止策にも手を抜けない『7割経済』を強いられる企業は、経済のニューノーマル（新常態）への適応力も問われる」

　この記事をもとに、本書では新型コロナウイルス感染症拡大前の7割程度にしか売上高の回復しない経営状態を「7割経営」と称したいと思います。

　この「7割経営」の典型例としてあげられるのは、やはり「接待を伴う飲食店」でしょう。西村康稔経済再生担当相が6月13日の記者会見で述べた「接待を伴う飲食店等の3業種についての指針」のなかには**「一度に入店できる客を定員の50％に制限」**という項目がありました。これはあくまで指針であり強制力はともないませんが、それでも多くの「接待を伴う飲食店」はこの指針を遵守するでしょう。さもなければ、お客からの信頼を得ることが難しいし、場合によっては風営法が改正強化されるといったことにもなりかねませんから。

　このように、国務大臣に客の上限（すなわち売上高の上限）を指示されるなどということは、いまだかつてなかったことです。ここまで述べてきた「法的規制」「行動規範」「行動変容」により、売上高に強烈なマイナスエフェクトがかけられている例といえます。同様のケースは枚挙に暇がありませんが、以下にいくつかピックアップしておきます。

(1) 国際旅客

　国際航空運送協会（IATA）によると、旅客数と飛行距離を掛け合わせて算出する「旅客キロ」は2月以降減少し、4月には前年同月比94.3％減った（6月13日付日本経済新聞）。

(2) 小売業

　三越伊勢丹ホールディングスの杉江俊彦社長は「6〜8月までは外出自粛の傾向も強く、売り上げは前年同期に比べ3割減で推移する」と述べた（5月26日付日本経済新聞）。

(3) 自動車製造業

　トヨタ自動車は世界販売について「7〜9月で（前年の）8割」と見ており、前年並みに戻るのは年末以降と見る（5月26日付日本経済新聞）。

(4) 一般飲食業

　レストラン「デニーズ」では客同士の距離を保つため、全店舗で従来の半分に席数を減らす。運営するセブン＆アイ・フードシステムズは「売り上げは減るが、店舗で感染者を出すわけにいかない」と話す（5月26日付日本経済新聞）。

これらの例のように、B to Bビジネス、B to Cビジネスにかかわらず、比較的回復力のある業種・業態でコロナ前の80％程度の売上にとどまり、影響の大きな業種・業態の場合には逆に80％の減少となっているのが実態です。「7割経営」という表現は、むしろ甘すぎる表現であるかもしれません。

7割経営下での経営悪化諸側面

　売上高はビジネスシーンにおいて「トップライン」と呼称されるように、企業にとってのすべての根幹をなす数値となっています。その根幹をなす数値を一挙に30％以上も喪失するということは、当然ながら企業経営に甚大な影響を与えることになります。企業経営は「その保有する資産・担うべき負債・拠出を受けたあるいはみずから稼得した資本」（ストック）に基づき展開され、利益とキャッシュを稼ぐことにより実践されるのですから、今回のコロナショックによる売上高の消失はストック・フロー両面において甚大なマイナスエフェクトをもたらすのです。こうした状況に対応するには企業経営の構造的変革が必要になるので、ここからは損益とキャッシュフローのフロー数値について考察した後に、企業ストックについて検証していきたいと思います。

7割経営下での損益計算の悪化

　まずは「7割経営」の実態を明らかにするために、損益分岐点分析をしてみたいと思います。これは当該企業の損益分岐点売上高を算定し、現実の売上高と比較して、経営上の問題点を検出しようとする分析手法で、CVP分析（Cost-Volume-Profit Analysis）とも呼ばれます。この損益分岐点売上高等の算出方法は以下のとおりです。

（1）損益分岐点売上高算式

　　損益分岐点売上高 ＝ 固定費 ÷ 限界利益率
（2）固定費：売上高や販売個数に関係なく一定に発生する費用、人件費、賃貸料等
（3）変動費：売上高や販売個数の増減に応じて増減する費用、仕入費、材料費、配送費等
（4）限界利益率 ＝ 限界利益 ÷ 売上高
（5）限界利益 ＝ 売上高－変動費

　こちらをもとにした営業利益の算出式は下式1となります。
売上高×限界利益率－固定費＝営業利益・・式1
　また、損益分岐点売上高算式の右辺をすべて左辺に集中させると、下式2のようになります。
損益分岐点売上高×限界利益率－固定費＝0・・・・・・式2

　そして、式1から式2を引くと下式3になります。

（売上高－損益分岐点売上高）×限界利益率＝営業利益・・・・式3

　この式3からは営業利益を大きくするのは以下の2要因であることがわかります。

（要因1）売上高と損益分岐点売上高の乖離が大きいこと

（要因2）限界利益率が高いこと

　こうした結果から損益分岐点分析を図示してみると下図15のようになります。

〈図15〉 損益分岐点分析図

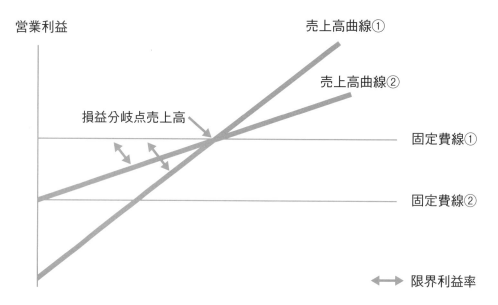

7割経営下で生じる損益分岐点との乖離

　上図15から「要因1」と「要因2」が営業利益の増加要因であることが見てとれます。ここで注目してほしいのが、損益分岐点売上高を下回る「水面下」の世界です。売上高曲線①と②を比較すると、売上高と損益分岐点売上高との乖離が大きく、限界利益率が高くなればなるほど、営業損失が大きくなることがわかります。これを算式で見てみましょう。水面上の算式と逆に、算式2から算式1を引いたのが、つぎの方程式4（7割経営下における営業損失計算式）です。

（損益分岐点売上高－売上高）×限界利益率＝営業損失・・方程式4
　　　　＜マイナス値＞

こうした結果から算式2を前提とした収支分岐点分析を図示してみると、下図16のようになります。

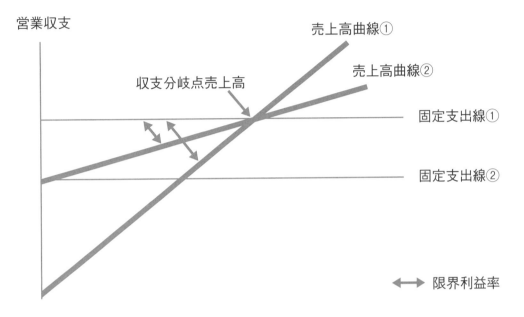

〈図16〉 収支分岐点分析図

7割経営下で生じる収支分岐点との乖離

この図16からは「要因1」と「要因2」が営業収支（キャッシュフロー）の増加要因になっていることが見てとれます。そして、ここでも収支分岐点売上高を下回る「水面下」の世界に注目しなければなりません。売上高曲線①と②を比較すると、売上高と収支分岐点売上高との乖離が大きく、限界利益率が高くなればなるほど、**営業収支（営業キャッシュフロー）のマイナスが大きくなる**ことがわかります。水面上の世界と真逆になっている点は損益分岐点分析とまったく同じです。これを算式で捉えるために、式2から式1を引いたのが**方程式5（7割経営下におけるマイナス営業キャッシュフロー計算式）**です。

（収支分岐点売上高−売上高）×限界利益率＝マイナス営業キャッシュフロー・・方程式5

＜マイナス値＞

この方程式5を見ると、営業キャッシュフローのマイナスを大きくするのが以下の2要因であることがわかります。
（要因1）売上高と収支分岐点売上高の乖離が大きいこと
（要因2）限界利益率が高いこと

　これらの要因は営業キャッシュフローのプラスを大きくする要因とまったく同じです。つまり、収支分岐点売上高を上回らない水面下経済においても、損益分岐点分析の場合と同様に同じ要因が真逆に作用するのです。そして、これは売上高の急減にともなって、現実の売上高が収支分岐点売上を大きく下回ること、営業キャッシュフローの大きなマイナスが生じることを意味しています。また、水面下の世界においては、これも損益分岐点分析の場合と同様に、限界利益率が高いほうが営業キャッシュフローのマイナスが大きくなります。この売上高が収支分岐点売上高を下回りつづけるという状況も未知の世界であり、さらなる研究が必要になります。

個別企業としての収支分岐点対策

　個別企業の収支分岐点の改善対策としては、損益分岐点の際に述べた価格政策や固定費削減政策以外に、以下の「固定支出削減政策」が考えられます。

①借入金返済額を減らす。
②減価償却費を増やす。
③税金支出を減らす。

　今回の政府・日銀の経済政策において、上記②に対応する政策はありませんが、上記①については第1次・第2次補正予算及び金融政策でさまざまな融資制度が導入されており、また③についてもさまざまな納税猶予制度が用意されています。これらはまさに政府・日銀としての「固定支出削減政策」なので、ぜひとも活用しておきたいところです。

7割経営下でのバランスシートの劣化

　つぎに「7割経営」がバランスシートに与える影響についても考察していきたいと思いますが、その前にまずはバランスシートについての考察を深めておきましょう。
　そもそも、なぜ企業は倒産するのでしょうか。その原因は「お金を借りる」からです。もし、企業がお金を借りていなければ、仮に売上がゼロになったとしても、「廃業」すれば良いだけで、倒産も破産もしないはずです。とはいえ、企業にとって資金は血液のようなものであり、その調達方法にはつぎの3つがあります。

①出資による資金調達
②利益獲得の結果としての資金調達
③他人資本の借入等による調達

このうち、①と②で調達した資金は返済を迫られませんが、当然ながら③に関しては返済の義務があり、それが滞ると企業は倒産リスクに直面することになります。こうして「どんどん返済が忙しくなること」を、本書においてはバランスシートの「劣化」と表現したいと思います。

　そこで、つぎにバランスシートの内容をチェックしながら、劣化のポイントを見ていきたいと思います。まずは以下に企業のスタート時のバランスシートを示しますので、こちらをご覧ください。

資産の部		負債及び資本の部	
科目	金額	科目	金額
現金預金	100	資本金	100
資産合計	100	負債及び資本合計	100

　これがまったく劣化していないピュアなバランスシートです。これが事業活動の展開に応じて、徐々に劣化していくわけです。なお、本章では資産・負債及び資本の各々の構成のことを「アロケーション」と呼び、それぞれ以下のようにあらわしたいと思います。

資産の構成：アセット・アロケーション（Asset Allocation）
負債の構成：デット・アロケーション（Debt Allocation）
資本の構成：キャピタル・アロケーション（Capital Allocation）

　そして、ここからはそれぞれの「アロケーション」について、劣化のポイントを見ていきましょう。

資産の劣化

　まずアセット・アロケーションの分類は以下のようになります。

①決済資産…現金預金、流動性有価証券より構成される、もっぱら決済手段として用いられる資産。
　　　　　　もっとも劣化程度の低い資産。
②運転資産…受取手形、売掛金等の顧客等に対する与信資産。商製品等の在庫資産。
　　　　　　やや劣化程度のすすんだ資産。

③事業資産…有形・無形固定資産、投資有価証券、保険積立金、長期貸付金等の事業資産。
　　　　　　換金可能性の弱い資産。
④擬制資産…前払費用、長期前払費用等の経過勘定や繰延資産等の人為的に擬制された資産。
　　　　　　換金可能性はない。

　一般的な会計学的見地からすれば、①⇒②⇒③⇒④は「資産の高度化」と呼ばれます。これに対して本書においては、換金可能性が低くなることを「資産の劣化」と呼ぶので、⇒の方向に関する考え方は真逆となります。今回の「コロナ恐慌」でアセット・アロケーションに関して生じる現象は、売上激減にともなう②の「運転資産」の増加、③の「事業資産」の不効率化、そしてその結果としての①の「決済資産」の枯渇でしょう。政府・日銀の経済政策の中心的命題も①の「決済資産」の枯渇を防止することにあります。ただ、やみくもに「決済資産」を注入するばかりでは、先述したように「コロナバブル」のリスクが高まるので注意しなければなりません。

負債の劣化

　つぎにデット・アロケーションは大きくメザニン（Mezzanine）と通常負債のふたつに分類されます。

・メザニン
　メザニンとは、もともとイタリア語でバロック建築における「中２階」という意味で、その性質が通常負債と自己資本との中間的形態であるためにこのような名称となりました。あえて翻訳するならば「負債・資本中間型負債・資本」といった感じになり、その特質を端的に表現すると「期限償還義務のある資本」となります。つまり、調達当初は自己資本なのですが、ある特定の時点から負債に変身して償還がはじまるといった類のものです。燃料電池とガソリンエンジンの両方を搭載する車を「ハイブリッド・カー」といいますが、このメザニンに属する主要金融商品も「ハイブリッド・ボンド（劣後債）」「ハイブリッド・ローン（劣後ローン）」と称されます。「劣後債」や「劣後ローン」はその会計的性質も中間的なのです。
　ただ、それらは会計的には（日本基準であれIFRS（※２）であれ）負債として認識されますが、BIS規制（※３）上は一定の割合が資本としてカウントされます。したがって、償還義務を有する事実上の負債でありながら、銀行サイドとしては当該「劣後債」または「劣後ローン」の発行体企業への与信判断上、資本扱いが可能になるというメリットがあります。
　現在、政府もこの点に着目して、第２次補正予算ではみずから直接的な出し手となって、この「メザニン」に取り組もうとしています。おそらくその目的は第１次・第２次補正予算で計上された膨大な金融機関からの貸付金をスムーズに実行してもらうための側面支援と思われます。このあたりの詳細は第５章であらためて論じたいと思います。

（※2）International Financial Reporting Standards：国際会計基準
（※3）銀行の財務上の健全性を担保するために、1988年7月にBIS（Bank for International Settlements：国際決済銀行）の常設事務局
（バーゼル銀行監督委員会）で合意された銀行の自己資本比率規制のこと。国際的に活動する銀行に8%以上の自己資本比率を求めるもの
で、その詳細は時代に応じて改正されています。

・**通常負債**

　通常負債は以下に掲げる無利子負債・有利子負債及びオフバランス負債の3つのデット・アロケーション
によって構成されています。

（1）無利子負債…支払手形、買掛金や預り保証金等により構成される主として取引先からの与信による負債。
　　もっとも劣化程度の低い負債。

（2）有利子負債…社債（※4）、CP、借入金（※5）、割賦延払い金、ファイナンス・リース等により構成される
　　主として金融機関からの与信または直接市場調達によるより劣化程度のすすんだ負債。

（3）オフバランス負債…資産流動化（※6）、オペレーティング・リース、手形割引（※7）等のバランスシート
　　に載らないオフバランス処理される負債。劣化程度は（2）有利子負債と同程度の負債。

（※4）社債には私募債と公募債の別があり、普通社債（SB：Straight Bond）、転換社債（CB：Changeable Bond）、新株引受権付社債
（WB：Warrant Bond）の3種類があります。
（※5）借入金には通常の借入金（約定弁済付長期借入、短期借入）以外に、無担保当座貸越、コミットメントライン、シンジケート・ローン等が
あります。
（※6）資産流動化にはファクタリング（債権流動化）、ABS（Asset-Backed Securities：資産担保証券）の2種類があります。
（※7）手形割引には通常手形割引、電子債権の2種類があります。

自己資本の劣化

　自己資本の構成（キャピタル・アロケーション）は「出資された自己資本（会計上の「資本金及び資本剰余
金」）」と「企業活動により稼得した自己資本（会計上の「利益剰余金」）」のふたつに分けられます（ここでは、
資金調達の観点に集中するため、「自己株式」「有価証券等評価差額」等の会計上特有の科目は除外します）。

・**出資された自己資本**

　出資された自己資本については、さらに以下の4つに細分化することができます。

（1）普通株式…議決権のある普通株式です。

（2）種類株式…優先株式等の議決権の代わりに種々の株主権を付与した株式です。

（3）新株予約権…将来の新株式の発行を引き受ける権利のことです。有償発行と無償発行があり、前者は資
　　金調達目的で発行されるケースがあります。

（4）DES（Debt Equity Swap）…債務を現物出資することによる資本増強手法のことです。主に会社再生

時に用いられます。

・企業活動により稼得した自己資本

　企業が本来の事業活動により稼得した利益の累積が「利益剰余金」です。本来はプラスの値にならなければなりませんが、事業活動の不調により、ときとしてマイナスとなります。これが「自己資本劣化」の入口です。この点については第5章で詳細に見ていきたいと思います。

非上場企業における
自己資本劣化

第5章　非上場企業における自己資本劣化

会計基準（日本基準）上の自己資本

　この章では非上場企業における自己資本劣化がどのように発生するか、そしてそれをどのように防ぐかについて考察したいと思います。

　その前提として、最初に日本の会計基準上の自己資本について説明します。まず純資産・自己資本・株主資本（※1）の関係をあらわすと、下式のようになります（※2）（※3）。

　　純資産＝自己資本＋新株予約権

　　自己資本＝株主資本＋評価・換算差額等

　　株主資本＝資本金＋新株式申込証拠金＋資本剰余金＋利益剰余金

（※1）本章では個別貸借対照表のみを前提とし、連結貸借対照表については対象外とします。
（※2）貸借対照表の純資産の部の表示に関する会計基準（企業会計基準第5号最終改正平成25年9月13日企業会計基準委員会）
（※3）貸借対照表の純資産の部の表示に関する会計基準等の適用指針（企業会計基準適用指針第8号最終改正平成25年9月13日企業会計基準委員会）

　上式のうち、評価・換算差額等と新株式申込証拠金を無視して、「資本金＋資本剰余金」を資本金等とくくり直すと、自己資本は以下のように定義することができます。

　　自己資本＝資本金等＋利益剰余金

　すなわち、自己資本とは株主が拠出した資本（資本金等）と企業自身が稼得した資本（利益剰余金）との合計なのです。なお、その負債（他人資本）との相違は、返済義務をともなわない点にあります。

BIS規制上の自己資本

　「BIS規制」とは銀行の財務上の健全性を確保することを目的として、1988年7月にBIS（Bank for International Settlements：国際決済銀行）の常設事務局であるバーゼル銀行監督委員会で合意された銀行の自己資本比率規制のことです。現在、適用されているのは2010年9月に公表された「バーゼルⅢ」ですが、その考え方（※4）は以下のバーゼルⅠ（1989年適用）の基本式から変わりません。ただし、下記基本式における分母・分子の内容は、段階的にバーゼルⅠ⇒バーゼルⅡ⇒バーゼルⅢと強化・詳細化されてきました。

〈バーゼル規制における『銀行に対する自己資本比率規制』基本式〉

$$\frac{総自己資本}{リスク・アセット} \geqq 8\%$$

（※4）日本の銀行に適用されるバーゼル規制には、「国際統一基準」と「国内基準」がありますが、ここでは前者の「国際統一基準」を前提に記述します。

　そして、バーゼルⅢにおける自己資本規制は、以下の３つによって構成されます。

（1）普通株式等Tier1比率

$$\frac{普通株式等Tier1資本の額}{リスク・アセット} \geqq 4.5\%$$

（2）Tier1比率

$$\frac{Tier1資本の額}{リスク・アセット} \geqq 6.0\%$$

Tier1資本の額
＝普通株式等Tier1資本の額＋その他Tier1資本の額

（3）総自己資本比率

$$\frac{総自己資本}{リスク・アセット} \geqq 8\%$$

総自己資本の額＝Tier1資本の額＋Tier2資本の額

　上式（1）～（3）のとおり、バーゼルⅢにおける自己資本は、普通株式等Tier1資本・その他Tier1資本・Tier2資本の３つに分類されます。自己資本の主な構成項目の分類表は次頁の表14のとおりです。

(表14) バーゼルⅢにおける自己資本の主な構成項目の分類表

自己資本の主な構成項目	普通株式等 Tier 1 資本	その他 Tier 1 資本	Tier 2 資本
普通株＋内部留保	✓		
優先株（普通株式転換型）		✓	
優先株（社債型）		✓	
海外SPC発行優先出資証券		✓	
永久劣後債・永久劣後ローン		✓	
期限付劣後債・期限付劣後ローン			✓
一般貸倒引当金			✓

　ついで、バーゼルⅢにおけるリスク・アセットは、信用リスク・アセット、マーケットリスク・アセット（特定取引勘定（※5）、特定取引勘定以外の勘定の外国為替リスクまたはコモディティ・リスクをともなう取引または財産）及びオペレーショナル・リスク（事務リスクや内部不正行為といった業務遂行上のリスク）の3つで構成されます。

（※5）トレーディング勘定ともいわれ、短期売買・ヘッジ目的のポジションと資産・負債両方のポジション、マーケット・リスク（価格変動リスク）をともなうポジション、さらには売買目的有価証券（売買目的の債券、株式、為替、デリバティブ等）をはじめとしたエクスポージャー（リスクがある金融取引上の投資や信用供与等の金融資産額）を指します。

　そして信用リスク・アセットは、信用リスク（デフォルト・リスク）を有する事業法人等向けエクスポージャー、リテール向けエクスポージャー及び株式等エクスポージャーで構成されます。このうち、本書では個人向けの住宅ローン等の「リテール向けエクスポージャー」及び満期保有目的有価証券等の「株式等エクスポージャー」の検討は省略し、「事業法人等向けの貸出金」である「事業法人等向けエクスポージャー」について詳述したいと思います。

金融機関における「貸付先個別企業」格付

　金融機関における「貸付先個別企業」格付に連なる「事業法人等向けエクスポージャーに関する信用リスクの計算方法」には、「標準的手法」と「内部格付手法」というふたつの方法があります。

そのうち、「標準的手法（Standardized Approach）」は銀行が格付機関等による外部格付をもとに、事業法人等向けエクスポージャーに関する信用リスクを計算する方法となります。他方、「内部格付手法（IRB:Internal Rating Based Approach）」は「内部統制」等の体制が整備・運用されていると当局が判断する金融機関にのみ、その適用が認められています。

　ここでは「銀行法第14条の2の規定に基づき、銀行がその保有する資産等に照らし自己資本の充実の状況が適当であるかどうかを判断するための基準」（2006年金融庁告示第19号）の内容を整理・作成した「内部格付手法の検証項目リスト」に基づき、その内容を見ていきたいと思います。

　そもそも、事業法人等向けエクスポージャーに係る内部格付は、金融機関において、以下の2段階で行われます。

Step1: 債務者及びエクスポージャーごとの格付
Step2: 事業法人等向けエクスポージャー・プールへの割り当て

　そのうち、本書では「債務者ごとの格付」、まさに「貸付先である個別企業の格付」にスポットを当てます。私自身は各金融機関における具体的な「貸付先である個別企業の格付」制度を知り得る立場にはありませんが、公表資料からを読み解くかぎり、「貸付先である個別企業の格付」におけるキーファクターは以下の3つであると考えられます。

①倒産確率（PD:Probability of Default）
②デフォルト時貸出残高（EAD:Exposure At Default）
③デフォルト時損失率（LGD:Loss Given Default）

　要するに貸付金の貸倒（デフォルト）が発生する確率とその場合における推定損失額を見据えて、「貸付先である個別企業」を格付していく作業が「債務者ごとの格付」なのです。

　実際の「貸付先である個別企業」の格付作業においては、当該企業の「損益」や「キャッシュフロー」も当然重要なファクターでしょうが、最重要ファクターは「自己資本比率」ではないかと考えます。なぜならば、金融機関自身がBIS規制によりそれを厳しく問われているからです。つまり、金融機関は各貸付先企業の「自己資本比率」に関して「バーゼルⅢにおける自己資本規制」を計算適用し、それを積み上げていくことで、自身のBIS規制もスムーズにクリアしようとしているのではないか、というわけです。実際、「内部格付手法の検証項目リスト」における以下のいくつかの記述内容を見るかぎり、各金融機関が各貸付先企業の「自己資本比率」を「格付」におけるキーファクターとしているのは明らかであり、それに関して「バーゼルⅢにおける自己資本規制」を計算適用しているに違いないと思います。

記述1：「自己資本比率を向上させるために、債務者を内部格付制度に対して恣意的に割り当てていないか」
（Ⅳ．内部格付制度の設計1.事業法人等向けエクスポージャーの内部格付制度）

記述2：「債務者の特性に応じ、ストレスがかかった状況における資産価値変動に対する債務者の耐性を
適切に反映させること」（Ⅳ．内部格付制度の設計7.格付付与及びプールへの割当てにおける
評価対象期間）

記述3：「モデルの利用の結果、所要自己資本の額が不当に軽減されるものでないこと」（Ⅳ．内部格付制
度の設計8.モデルの利用）

記述4：「（1）自己資本の充実度を評価するために適切なストレス・テストを実施しているか。

（2）（1）のストレス・テストは、経済状況の悪化、市場環境の悪化及び流動性の悪化その他の
信用リスクに係るエクスポージャーに好ましくない効果を与える事態の発生または経済状況の将来
変化を識別するものであって、かつ、こうした好ましくない変化に対する対応能力の評価を含むもの
であるか。

（3）特定の条件が信用リスクに対する所要自己資本の額に及ぼす影響を評価するために、自行
のエクスポージャーの大部分を占めるポートフォリオについて、少なくとも緩やかな景気後退のシナリ
オの効果を考慮した有意義かつ適度に保守的な信用リスクのストレス・テストを定期的に実施して
いるか」（Ⅴ.内部格付制度の運用8.ストレス・テスト）

自己資本劣化とその影響

自己資本劣化は本章冒頭に掲載した下記式の「利益剰余金」がマイナスに転じることにより起こります。

自己資本＝資本金等＋利益剰余金

その場合、上場企業であれば、増資等により上記式の資本金等を増やして自己資本劣化を回避することが
できますが、非上場企業の場合には企業の所有に係る議決権（ガバナンス構造）の問題もあり、普通株式の
増資は簡単には行えません。そして、最近はコロナ恐慌により、多くの非上場企業において（もちろん上場企業
においても）、急速かつ甚大な自己資本劣化が起こる可能性が高まっています。

こうした状況にあって、まずは自己資本がどのように劣化しているか、そして政府の手を借りない民間ベースで
の取り組みにどのような可能性があるかを見ていきたいと思います。

自己資本比率低下の影響

　自己資本が劣化することにより、自己資本比率は低下します。それをあらわすのが下式１及び下式２です。

　　自己資本比率＝自己資本÷総資本 ・・・・・・・・・　式１
　　自己資本比率＝自己資本÷（自己資本＋負債）・・・・・　式２

　また、式２の分母・分子を「自己資本」で除すると下式３になります。

$$自己資本比率＝\frac{1}{1＋負債／自己資本}　・・・・・・式３$$

　この式において自己資本劣化（自己資本の減少）で分母が増加すると、当然ながら自己資本比率は低下します。つまりこの場合、自己資本比率を一定に保つためには、つぎのいずれかの対応が必要となります。

　　対応１：負債を減少させる。
　　対応２：自己資本を増加させる。

貸付先企業におけるBIS規制「自己資本比率」算式

　より具体的に企業における自己資本劣化の状況を見ていくために、バーゼルⅢ自己資本規制に基づく「自己資本比率」を貸付先企業に当てはめてみたいと思います。
　まずバーゼルⅢにおける３つの自己資本規制式の分母の「リスク・アセット」を総資本に置き換えると、貸付先企業におけるバーゼルⅢ自己資本規制「自己資本比率」式群を以下のように示すことができます。

〈貸付先企業におけるバーゼルⅢ自己資本規制『自己資本比率』式群〉

　（１）普通株式等 Tier1 比率

$$\frac{普通株式等 Tier1 資本の額}{総資本}≧4.5\%$$

（2）Tier1比率

$$\frac{\text{Tier1 資本の額}}{\text{総資本}} \geqq 6.0\%$$

Tier1 資本の額

＝普通株式等Tier1資本の額＋その他Tier1資本の額

（3）総自己資本比率

$$\frac{\text{総自己資本}}{\text{総資本}} \geqq 8\%$$

総自己資本の額＝Tier1資本の額＋Tier2資本の額

つぎに上記の3式を単一の算式にまとめてみたいと思います。まずは総自己資本の額を以下のように展開します。

総自己資本の額＝普通株式等Tier1資本の額（a）

＋その他Tier1資本の額（b）

＋Tier2資本の額（c）

上記算式の比率から逆説的に考えると、（a）（b）（c）には「（a）＝1」とした場合に以下の比率関係が見出せることがわかります。

（b）＝（a）×4.5/6＝0.75（a）

（c）＝（a）×4.5/8≒0.56（a）

したがって、（b）の額を（a）と合計しようとする場合には、0.75を乗じ、（c）の額を（a）と合計しようとする場合には0.56を乗じる必要があります。この考え方を上記（3）の式に当てはめて自己資本比率の算式を割り出すと、つぎのようになります。

自己資本比率 ＝

$$\frac{\text{普通株式等Tier1資本の額＋その他Tier1資本の額×0.75＋Tier2資本の額×0.56＝\textbf{BIS規制上の自己資本}}}{\textbf{BIS規制上の自己資本＋負債}}$$

そして、上記の分母・分子を「BIS規制上の自己資本」で除したのが、下記の「自己資本劣化対応方程式」（方程式6）となります。

自己資本劣化対応方程式（方程式6）

$$自己資本比率＝\frac{1}{1＋負債／BIS規制上の自己資本}$$

　この方程式では「BIS規制上の自己資本」が増加すればするほど、あるいは負債が減少すればするほど、自己資本比率が上昇することがわかります。もちろん、逆もまた真なりですが……。

政府による資本注入制度の概要

　自己資本劣化対応方程式を示したところで、今度は政府による企業の自己資本劣化対策について見ていきたいと思います。まずは政府が第2次補正予算における企業向け支援策の一環として企図している資本注入制度（資本性資金）について、第3章に掲載した表の該当部分を抜粋します。

資本性資金		
事業規模		12兆円
大企業	日本政策投資銀他	劣後ローン
中堅企業		上記ローンに関する金利優遇
中小企業	日本政策金融公庫他による劣後ローン	

　新型コロナウイルスの影響は戦後最悪の経済の落ち込みになり、経済回復にはかなりの時間がかかることになりそうです。そうなれば、時間の経過とともに、資本力のない企業の多くが倒産に追い込まれる事態になりかねません。それは上場企業といえども例外ではありません。現にレナウン＜3606＞は民事再生手続きを申請し、すでに破綻しています。同社はコロナ影響以前に厳しい状況に陥っていましたが、コロナが最後の一押しとなってしまったのです。

　厳しい状況にある企業は、やはり上記のような資本注入制度を最大限に活用するべきでしょう。とくに今回、政府が用意する中小企業への資本注入策の整備には注目したいところです。

事業規模別の資本注入制度

　事業規模別に資本注入制度の内容を見ていきたいと思います。まず大企業向け資本注入制度としては、以下の制度が動き出しています。

1. 産業革新投資機構（JIC）の投融資枠拡充
　　（1）オープンイノベーションによる産業競争力の強化（事業再編、ベンチャー等）を支援するため、JICの投融資枠を拡充。
　　（2）政府保証借入枠を1.5兆円拡充（事業規模2.8兆円）。
2. 日本政策投資銀行（DBJ）による特定投資業務の投融資枠拡充
　　（1）新事業開拓や異業種連携等を支援するため、DBJの投融資枠を拡充。
　　（2）産投出資1000億円を措置（事業規模4000億円）。

　つぎに中堅企業向け資本注入制度としては、地域経済活性化支援機構（REVIC）による以下の支援強化制度が動き出しています。

1. 財務基盤が悪化した地域の中核企業等に対する事業再生支援や地域金融機関と連携したファンドを通じた資本性資金の供給等を実施。
2. 政府保証借入枠を1兆円拡充（事業規模2.5兆円）。
3. あらたな新型コロナウイルス関連ファンドの立ち上げ
　　中堅企業向け救済に救済投資を念頭にした下記（※6）（※7）の既存ファンドを活用したうえで、あらたに新型コロナウイルス関連ファンドを立ち上げることになりました。

（※6）既存の災害復興支援ファンド等
・九州広域復興支援投資事業有限責任組合
・熊本地震事業再生支援投資事業有限責任組合
・西日本広域豪雨復興支援ファンド投資事業有限責任組合
・広島県豪雨災害復興支援ファンド投資事業有限責任組合
・令和元年台風等被害広域復興支援投資事業有限責任組合
・沖縄活性化投資事業有限責任組合
（※7）拡充
新型コロナウイルス感染症の感染拡大により影響を受けた事業者を支援対象に追加するとともに、支援対象エリアを拡大する等の規約変更手続等

　最後に中小企業向け資本注入制度について紹介します。もともと中小企業は自己資本に乏しいケースが多く、緊急融資で当面の運転資金をまかなえても、財務基盤が脆弱だと事業の継続性が危うくなる可能性があります。しかし、中小企業が破綻すると、その取引先や関連会社の連鎖倒産、地域における金融不安や雇用不安の発生、製造メーカーへの部品供給など多大な影響が生じる恐れがあります。

　そういった状況に鑑み、政府は新型コロナウイルス感染拡大の影響で経営が厳しい中小企業に資本注入

する官民ファンド「中小企業経営力強化支援ファンド」を2020年8～9月に設立予定とのことです。そして、2020年度第2次補正予算案で計上した500億円規模の予算を数百社に出資する方針を打ち出しています。また、中小企業基盤整備機構がファンドに出資し、民間金融機関からも出資を募ることになっているので、そのあたりにも注目しておきたいところです。ちなみに、出資先は部品メーカーなどの製造業や飲食業、介護・福祉など幅広く想定しており、1社当たりの投資額は未定ながら数千万円規模も想定しているようです。また、債権の買取りやデッドエクイティスワップ（債権の株式化）なども実施するそうです。出資分は通常、業績が上向いたときに出資先による買取りや他社への売却などで回収しますが、現況では保有をつづけることも考えられます。いずれにしても、こうした資本注入で中小企業の財務が安定すれば、民間金融機関の融資も期待できるようになり、地域経済に好循環が生まれるはずなので、大いに注目したいところです。

　というわけで、以下より中小企業向け資本注入制度について詳細を記載しますので、ぜひチェックしておいてください。

1．資本性劣後ローン

　日本政策金融公庫（略称：「日本公庫」）及び商工中金等が、新型コロナウイルス感染症の影響によってキャッシュフローが悪化するスタートアップ企業や一時的に財務状況が悪化し企業再建に取り組む持続可能な企業に対して資本性劣後ローン（長期間元本返済がなく、民間金融機関が自己資本とみなすことができるローン）を供給することで、民間金融機関や投資家からの円滑な金融支援を促しつつ、事業の成長・継続を支援します。

【主な貸付条件】

　貸付限度：中小事業・商工中金7.2億円（別枠）、国民事業7200万円（別枠）

　貸付期間：5年1カ月、10年、20年（期限一括償還）

　貸付利率：当初3年間一律、4年目以降は直近決算の業績に応じて変動

2．中小企業経営力強化支援ファンド

　地域の核となる事業者が倒産・廃業することがないよう、官民連携のファンドを通じた出資・経営改善等により、事業の再生とその後の企業価値の向上をサポートするなど、成長を全面的に後押しします。また、全国47都道府県の「事業引継ぎ支援センター」とも連携し、出資先企業の第三者承継を促進し、地域の事業再編にもつなげていきます。

3．中小企業再生ファンド

　過大な債務を抱えた中小企業の再生をはかるために、官民連携のファンドを通じて、債権買取りや出資等を行い、経営改善までのハンズオン支援を実施します。また、全国47都道府県の「中小企業再生支援協議会」とも連携し、再生計画の策定と事業再生を促進します。

〈図17〉 ファンドの基本的なスキーム図

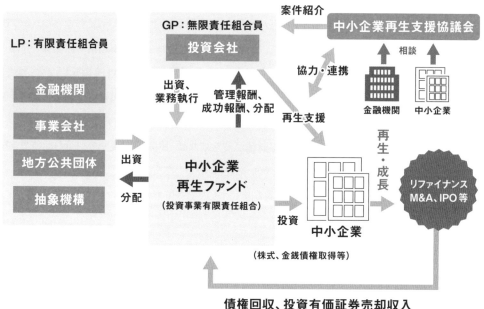

港区産業振興課ホームページ（https://www.minato-ala.net/）から引用

自社での資本劣化対策の概要

　では、自社努力で自己資本比率の劣化を防ぐにはどうすればいいのでしょうか。その答えはきわめてシンプルです。下記の方程式を見ればわかるように、自己資本比率の低下、すなわち自己資本の劣化への対応策は、先述したふたつの対応策しかないからです。

対応1：負債を減少させる。
対応2：BIS規制上の自己資本を増加させる。

自己資本劣化対応方程式

$$自己資本比率＝\frac{1}{1＋負債／BIS規制上の自己資本}$$

そこで、ここではこのふたつの対応について、もう少し詳細に見ていきます。

・対応1：負債を減少させる。

　1. 実質的に減少させる方法

　　手許流動性の取崩、不要不急資産の売却やDES（第4章参照）の実施により、負債を返済するあるい
　　は資本化することにより負債を実質的に減少させる方法です。

　2. 形式的に減少させる方法

　　資産流動化、資産証券化及びオペレーティングリース等のオフバランス手法の活用により形式的に負債
　　を圧縮する方法です。

・対応2：BIS規制上の自己資本を増加させる。

　「永久劣後債・劣後ローン」及び「期限付劣後債・劣後ローン」は、BIS規制（バーゼルⅢ）上は「資本」と
　して扱われますが、日本の会計基準上は「負債」として扱われます。そのため下表のうち、内部留保、普通株、
　優先株（普通株式転換型）、優先株（社債型）を増加させることで、BIS規制上と会計上（日本基準）双方
　の自己資本を増加させることができます。また、BIS規制上の自己資本のみを増加させることが、下表のうち
　の永久劣後債・劣後ローン、期限付劣後債・劣後ローンを増加させることにより実現可能です。

（表15）BIS規制（バーゼルⅢ）上と会計上の自己資本構成項目の対比表

資本分類 自己資本構成項目	BIS規制上の自己資本			会計上の自己資本
	Tier 1		Tier 2	
	普通株式	その他		
①内部留保	✓			✓
②普通株	✓			✓
③優先株（普通株式転換型）		✓		✓
④優先株（社債型）		✓		✓
⑤永久劣後債・劣後ローン		✓		×
⑥期限付劣後債・劣後ローン			✓	×

BIS 規制上の自己資本算入ウエイト

　自己資本構成項目の種類によって、BIS 規制上と会計上（日本基準）の取り扱いは異なります。たとえばコロナ恐慌下の現況では、表15の「①内部留保」は激減します。そして、本書の前提としている企業体が「非上場企業」である以上、議決権を希薄化させる（ガバナンス構造を変化させる）ことになる「②普通株」及び「③優先株（普通株式転換型）」の発行は困難であるという認識を持たなければなりません。このように考えると、コロナ恐慌下における「非上場企業」を前提とした「BIS 規制上の自己資本を増加」させるスキームは、表15の「④優先株（社債型）」か「⑤永久劣後債・劣後ローン」もしくは「⑥期限付劣後債・劣後ローン」に限定されることになります。だからこそ、自己資本比率の劣化を防ぐには、先述した「政府による資本注入制度」が有効なのです。

　ですが、その際には自己資本構成項目が BIS 規制上、同じウエイトで算入されないことに注意が必要です。具体的には、下表に自己資本構成項目の「BIS 規制上の自己資本算入ウエイト」と「会計上の自己資本算入ウエイト」を対比してみたので、こちらをご覧ください。

（表16）BIS 規制（バーゼルⅢ）上の自己資本算入ウエイト対比表

資本分類 自己資本構成項目	自己資本算入ウエイト	
	BIS 規制上	会計上
①内部留保	1	1
②普通株	1	1
③優先株（普通株式転換型）	0.75	1
④優先株（社債型）	0.75	1
⑤永久劣後債・劣後ローン	0.56	0
⑥期限付劣後債・劣後ローン	0.56	0

　この表を見ると、ウエイトに0〜1までの間でばらつきのあることがわかります。また「④優先株（社債型）」が狙い目であることもわかります。「④優先株（社債型）」とは償還期限（5年以上であることが必要）を有する形式で発行される優先株（議決権のない配当優先株式）のことです。先ほど「政府による資本注入制度」の重要性について述べましたが、民間ベースでは上表の⑤あるいは⑥の劣後債・劣後ローンよりも、④優先株（社債型）のほうが有効のように思われます。

メザニンファイナンス

　優先株と劣後債・劣後ローンはともに、メザニンファイナンスのカテゴリーに属するハイブリッド証券もしくはメザニンローンと呼ばれます。そこで、ここではメザニンファイナンスの概要とその活用法について説明していきます。

　そもそも、このメザニンファイナンスとは、負債と資本の中間的性格を有する資金調達方法のことです。負債は「返済義務」を有し、資本は「返済義務」を有さないのに対して、メザニンファイナンスには「返済義務」がある場合とない場合があるのが特徴です。また、メザニンファイナンスに属する金融商品は、ハイブリッド証券（優先株、劣後債）とメザニンローン（劣後ローン）に分類されますが、「返済義務」という観点から分類すると下表のようになります。なお、BIS区分上、「期限前償還オプション付劣後債」及び「償還期限付劣後ローン」に関しては、償還条件によっては負債扱いとなる場合がありますので注意が必要です。

（表17）「返済義務」という観点からのメザニンファイナンス分類表

金融商品種別		返済義務有無	返済義務（有）	返済義務（無）	BIS区分	会計区分
ハイブリッド証券	優先株式	普通株式転換型		✓	資本	資本
		社債型	✓			
	劣後債	永久債		✓	資本	負債
		期限前償還オプション付	✓			
メザニンローン	劣後ローン	普通株式転換型		✓		
		償還期限型	✓			

　メザニンファイナンスの活用方法については、プロジェクトファイナンス・メザニンとコーポレート・メザニンのふたつがあるので、以下にそれぞれの特徴を紹介します。

・プロジェクトファイナンス・メザニン

　プロジェクトファイナンス・メザニンとは、資産流動化、資産証券化、LBO型バイアウトのようなプロジェクトファイナンス組成時の「権利の優先・劣後構造（トランシェ構造）」を構築するにあたって、「ミドルリスク・ミドルリターン」が必要となる場合に用いられるメザニンです。権利優先を要する場合には「優先株式」、権利劣後を要する場合には「劣後債」「劣後ローン」が活用されます。メザニンは元来、このような活用方法のために開発され

たファイナンス手法であり、後述するコーポレート・メザニンのような活用方法はいまだ緒に就いたところといえるでしょう。

・コーポレート・メザニン

　コーポレート・メザニンとは、まさに本章で述べてきたメザニンの「資本」と「負債」の2面性を活用して、企業の財務目的を達成しようとする最新手法です。もちろん、上場企業においても活用可能ですが、上場企業においてはメザニンの活用よりも、「普通株式」による増資や「借入金・普通社債等」による資金調達が通常であり、積極的にメザニンを活用するケースはむしろ少数派だと思われます。ですが、非上場企業においては、「ガバナンス構造の維持」を優先させる必要上、上場企業だと一般的なファイナンス・スキームを有効活用しづらい場面がしばしばあります。たとえば、普通株式増資だと議決権の希薄化を招く、借入金・普通社債等だと自己資本比率の低下により金融機関における格付の低下を招くといった具合にです。そのようなときにメザニン（ハイブリッド証券やメザニンローン）を有効活用することができるわけです。

　では、ここからは表17に記載されている項目について、それぞれ説明を付していきます。

・ハイブリッド証券

（1）優先株式

　優先株式は「普通株式転換型」と「社債型」のふたつに大別されます。前者は「エクイティーキッカー（※8）」付の優先株式のことで、後者はそういった権利が付いていない代わりに償還権が付与されている優先株式です。これらの違いはありますが、ともに株主権設計（ガバナンス）構造における種類株式のカテゴリーに属します。

（※8）「普通株式への転換権」または「新株予約権」が付与され、議決権のない優先株式や劣後ローンから議決権のある普通株式に、実質的に転換できる権利を指します。

（2）劣後債

　劣後債の「劣後」は、普通社債と比べての社債権者間での権利劣後を意味します。また、資本と負債の混合的性格からハイブリッド債ともいわれます。劣後債は発行体が解散等の事態に陥らないかぎり元本償還が行われない「満期の定め」なき「永久劣後債」と、発行体による期限前償還ができるコールオプション付の「期限前償還コールオプション付劣後債」のふたつに大別されます。

〈期限前償還コールオプション付劣後債の特徴〉

①期限前償還に関する発行体サイドのモチベーションを高めるために、期限前償還コールオプションの行使期限を超えると社債利率が上昇していくステップアップ条項が付くことが多い。

②バーゼルⅢにおいて、期限前償還コールオプション付劣後債はその行使期限の定めに応じて、表18のとおり取り扱われます。

（表18）期限前償還コールオプション付劣後債のバーゼルⅢ上の区分

期限前償還コールオプションの行使期限	バーゼルⅢ上の区分
オプションの初回コール日迄が５年以上	Tier2資本
オプションの初回コール日迄が５年未満	負債

・メザニンローン

（1）劣後ローン

　　劣後ローンの「劣後」は、一般債権と比べての債権者間での権利劣後を意味します。このため、通常ローンを「シニアローン」、劣後ローンを「ジュニアローン」と呼び、また資本と負債の混合的性格からハイブリッドローンともいわれます。劣後ローンは「普通株式転換型」と「償還期限型」のふたつに大別されます。前者は「エクイティーキッカー」付の劣後ローン（償還期限はない）を指し、後者はそういった権利が付いていない普通に償還（償還期限はシニアより長く設定）されるローンです。劣後ローンのタイプ別のバーゼルⅢ上の取り扱い区分は下表のとおりです。

（表19）劣後ローンのタイプ別のバーゼルⅢ上の区分

劣後ローンのタイプ		バーゼルⅢ上の区分
普通株式転換型		Tier2資本
償還期限型	償還期間が５年以上	
	償還期間が５年未満	負債

　　これらの優先株や劣後債・劣後ローンの民間ベースにおける発行をどのように実施していくかについては、第6章を参照ください。

自己資本劣化防止シミュレーション

　　先述した優先株や劣後債・劣後ローンの活用によって、自己資本劣化防止がはかられた場合、実際にはどの程度、銀行融資の与信枠は増加するものなのでしょうか。もちろん、それを正確に計算することはできませんが、ここまでの考察の結果を踏まえて、ここでは大まかにシミュレーションを試みてみたいと思います。

　　シミュレーションを実施するためには、その前提としての自己資本比率値を設ける必要があります。中小企業

庁が実施している「中小企業実態基本調査の平成30年確報（平成29年度決算実績）」によると、非上場中小企業の自己資本比率の平均値は40.08%とのことなので、ここではこの値を前提にしてみましょう。そして、そのうえで劣化がすすんだ自己資本を「優先株（社債型）」「永久劣後債・劣後ローン」「期限付劣後債・劣後ローン」によって回復させた場合に、銀行融資の与信枠がどのように増加するかをシミュレーションしていきたいと思います。

〈シミュレーションの前提事項〉

①劣化前の財務数値

イ　総資本：10億円

ロ　（有利子）負債：6億円

ハ　自己資本：4億円

ニ　自己資本比率：40.00%

ホ　有利子負債／自己資本倍率：1.5

②単純化のため「負債は全額有利子負債」とします。

③シミュレーションの前提の自己資本劣化対応方程式は以下のとおりです（※9）。

$$\frac{\text{有利子負債}}{\text{会計上の自己資本＋BIS規制プラス}\alpha} = \frac{1}{\text{自己資本比率}} - 1$$

④BIS規制プラスαは、ハイブリッド証券またはメザニンローンを指し、劣化前にはその発行残高はゼロとします。

（※9）上式は前掲の方程式6「自己資本劣化対応方程式」をつぎのとおり展開し、BIS規制上の自己資本を「会計上の自己資本＋BIS規制プラスα」に置き換えたものです。

$$\text{自己資本比率} = \frac{1}{1＋\text{負債／BIS規制上の自己資本}} \quad \text{（方程式6）}$$

$$1＋\text{負債／BIS規制上の自己資本}＝1／\text{自己資本比率} \quad \text{（展開1）}$$

$$\frac{\text{有利子負債}}{\text{BIS規制上の自己資本}} = \frac{1}{\text{自己資本比率}} - 1 \quad \text{（展開2）}$$

〈シミュレーション〉

①劣化前の自己資本劣化対応方程式に前提事項を代入します。

$$\frac{\text{負債}=60}{\text{会計上の自己資本}=40+\text{BIS 規制プラス}\alpha=0} = \frac{1}{0.4} - 1$$

※数値のみで表現すると「60÷40＝2.5−1＝1.5」

②劣化前の銀行与信指標

　銀行は企業の与信管理上、BIS規制上の自己資本比率を重視しています。この比率が大きければ大きいほど良いわけです。そして、その比率が当該貸付先企業に対する与信格付上の一定水準を下回ると、新規貸付の停止あるいは既存貸付の回収へと舵が切られることとなります。ここでは仮に、劣化前の銀行与信指標の下限値を「自己資本比率20%」とします。

③自己資本劣化

　コロナ恐慌による大幅な営業損失（3億円）の発生により、劣化前の財務数値が、以下のとおり劣化したとします。

項　目		財務数値		
		劣化前	劣化後	差引
イ	総資本	10億円	7億円	▲3億円
ロ	（有利子）負債	6億円	6億円	―
ハ	自己資本	4億円	1億円	▲3億円
ニ	自己資本比率	40%	14%	▲26%

　まだ債務超過ではありませんが、劣化前の銀行与信指標の限界を超えた悪化となっています。それをクリアするためには、自己資本比率の6%の増加が必要です。

④負債減少による対応

　コロナ恐慌による大幅な営業損失発生による自己資本劣化は、急速な利益回復や普通株式の増資によって埋めることが困難です。そこで、もっともシンプルな対応方法は負債の削減となります。上記の銀行与信指

標の下限値が「自己資本比率20%」であれば、負債を2億円削減することで簡単に達成できます。しかし、コロナ恐慌下において「資金繰りに窮している企業」にとって、本当に負債の削減は容易でしょうか。その答えは明らかに否です。そこで、それに代わる方法として、政府または民間ベースでのメザニンファイナンスを活用してみます。

⑤必要メザニン額の試算

　下記の自己資本劣化対応方程式から、発行必要な「優先株式」または「劣後債・劣後ローン」の額を計算します。先述のとおり、BIS規制（バーゼルⅢ）上の自己資本算入ウエイトは、優先株式が0.75、劣後債・ローンが0.56です。これらの数値を下式に代入し、シミュレーションしたのが下記のイまたはロです。

$$\frac{有利子負債}{会計上の自己資本＋BIS規制プラス\alpha} = \frac{1}{自己資本比率} － 1$$

イ　優先株式活用パターン（X＝要発行額）

$$\frac{1＋0.75X}{7＋X} = 0.2$$

$$0.2×(7＋X) = 1＋0.75X$$

$$1.4－1 = 0.55X$$

X ＝ 0.73億円

　BIS規制上の自己資本比率＝（1＋0.73×0.75）÷（7＋0.73）＝20%

　∴優先株式を0.73億円発行することにより、BIS規制上の自己資本比率20%が達成できます。

ロ　劣後債または劣後ローン活用パターン（X＝要発行額）

$$\frac{1＋0.56X}{7＋X} = 0.2$$

$$0.2×(7＋X) = 1＋0.56X$$

$$1.4－1 = 0.36X$$

X ＝ 1.1億円

BIS規制上の自己資本比率＝（1＋1.1×0.56）÷（7＋1.1）＝20%

　∴劣後債または劣後ローンを1.1億円発行することにより、BIS規制上の自己資本比率20%が達成でき

ます。

⑥メザニンファイナンスのレバレッジ効果

　　上記④で、負債を2億円削減すればBIS規制上の自己資本比率20%が達成できると述べました。そして、これに対して「優先株式0.73億円」あるいは「劣後債又は劣後ローン1.1億円」の発行により、負債を削減せずに、BIS規制上の自己資本比率20%が達成できました。以下がそれぞれの結果です。

　イ 優先株式のレバレッジ効果　　　　　　2÷0.73＝2.7倍
　ロ 劣後債または劣後ローンのレバレッジ効果　2÷1.1 ＝1.8倍

　　まさに、これが「メザニンファイナンスのレバレッジ効果」と呼ばれるものです。この効果を見るかぎり、BIS規制上はデットファイナンスよりも効率が良いといえるでしょう。もちろん、その分、調達コストは割高になりますが、そのあたりを考慮しても検討する価値が十分にある手法だと思います。

非上場企業における
自己資本増強対策

第6章　非上場企業における自己資本増強対策

金融商品取引法における集団投資スキームの概念

　自己資本劣化に対応するため、公的な資本注入制度や株式市場を利用した上場企業による資金調達のみならず、非上場企業においても自己資本を調達するニーズが高まると思われます。その際には、投資家が当該非上場企業の株式を直接取得するというやり方が一般的ですが、多数の投資家が個々に株式を取得するには、少々手間と時間がかかりますし、スケールメリットも希薄です。また、投資規模が拡大しないまま自己資本を十分に補えない可能性もありますし、非上場企業側においても、議決権が希釈化されるなどのデメリットもあります。

　他方、これからは複数の投資家が共同したり、一定の専門性・信頼性のある者に方針を委ねたりして非上場企業にまとまった投資を行いたいというニーズと、資本の劣化を防ぎつつ多数の投資家が経営に関与することは避けたいという非上場企業の資金調達ニーズがマッチする可能性が高くなるのではないでしょうか。そうすると、たとえば専門家による「投資クラブ」のような組織が非上場株式への投資を行うといったことも想定されますが、「投資クラブ」の運営は、一定の登録または届出を行わないかぎり、現行の金融商品取引法（以下「金商法」）で禁止されています。金商法では、事業から生じる収益の配当または当該出資対象事業に係る財産の分配を受けることができる権利（いわゆる集団投資スキーム持分あるいはファンド持分）を有価証券とみなし、集団投資スキーム持分の取得に関する募集を行うことや募った資金を非上場企業へ投資し運用することなどを金融商品取引業と定義し、無登録業者によるこれらの行為を原則的に禁じているからです。

　たしかに、無登録業者による「資金集め」を許容すれば、いわゆる投資詐欺まがいの行為が横行するかもしれません。しかし、一般の投資家が比較的身近で組成に機動性のある組合型ファンドを利用しようとしても、ハードルが高い金融商品取引業の登録を常に要するようでは、必要な投資を迅速に行うことができません。コロナショックによって企業の自己資本劣化が急激にすすむ昨今において、迅速な組合型ファンド組成のニーズはますます高まっているといえるのではないでしょうか。

　こうした事態に配慮し、金商法は出資者の権利が害されない場合として、①出資対象事業に全員が関与する場合に、集団投資スキーム持分（＝みなし有価証券）に該当しない組合持分を許容したり、②一定の投資の「プロ」が関与していることを条件に、登録ではなく届出によって組合型ファンドの運営を許容するなど（適格機関投資家等特例業務）、いくつかの例外を設けています。

　金商法は条文構造が複雑で、一般には理解しづらい法律になっています。解説書も数多く発刊されていますが、その内容もやはり難解なものにならざるを得ません。そこで、本章では自己資本の調達を望む非上場企業や、この時期に非上場企業への投資を望む投資家に向けて、できるだけ簡潔に組合型ファンドの入門的な知識を提供したいと思います。そして、主な組合型ファンドの類型ごとにどのようなスキームがあるのか、税務の側面か

らどのようなメリットやデメリットがあるのかといったことを具体例とともに紹介していきます。

　この分野は規制の網の目が複雑に絡んでいますし、会社型ファンドや信託型ファンドを用いるほうが適切な事案もありますので、実際の組成や運用にあたっては、スキームの選択や規制の内容について専門家にご相談されるなり、より専門的な書籍にあたっていただく必要がありますが、ここで紹介する入門的知識や具体例が組合型ファンドの活用を検討するきっかけになればと思います。

「投資家」の類型

　金商法は「投資家」を適格機関投資家、特例業務対象投資家、特定投資家など、その投資経験等に応じていくつかの類型に分けています。投資家は自分がどのステータスにいるのかを理解することによって、適格機関投資家等特例業務に関与できるかどうかがわかりますし、組合型ファンドの組成を企図する側としても、どのような方に参画を求めればいいのかがわかるので、この点を整理するところからはじめたいと思います。

　まず適格機関投資家等特例業務に欠かせない「適格機関投資家」の範囲には、銀行や一定の証券会社、保険会社等のほか、①10億円以上の有価証券を保有する法人で、所定の届出を行った者、②10億円以上の有価証券を保有し、かつ証券口座を開設して1年以上経過する個人で、所定の届出を行った者等も含まれます。もちろん、銀行や証券会社が適格機関投資家として組合型ファンドを立ち上げることもありますが、かならずしも銀行等が関与しなくても、適格機関投資家等特例業務を実施することはできるのです。ただし、適格機関投資家の届出の受理には最低でも2カ月程度の期間を要するので、注意が必要です。

　つぎに、適格機関投資家等特例業務に関与することができる「特例業務対象投資家」の範囲には、金融商品取引業者等のほか、①資本金5000万円以上の法人②純資産額5000万円以上の法人③1億円以上の投資性金融資産を保有し、かつ証券口座を開設して1年以上経過する個人等が含まれます。適格機関投資家と異なり、特例業務対象投資家は所定の届出を行う必要はありません。なお、適格機関投資家と特例業務対象投資家は適格機関投資家等と総称されています。

　最後に、適格機関投資家等特例業務への参画の可否とは直接関係しませんが、一般投資家（アマ投資家）と区別するための概念として、「特定投資家」という概念があることも紹介しておきます。特定投資家に対しては、金融商品取引業者等に課せられる行為規制が一部除外されるなど、規制の柔軟化がはかられているのが特徴で、その範囲としては①上場企業②資本金5億円以上と見込まれる株式会社③純資産が3億円以上と見込まれ、かつ3億円以上の投資性金融資産を保有すると見込まれ、かつ最初にその種類の契約を締結してから1年以上経過する個人等が含まれます（一部の者については、その選択により一般投資家にもなれる場合もあり、逆にその選択することにより特定投資家になれる場合もありますが、上記要件に該当しない場合には、特定投資家になることはできません）。

　ちなみに、これから説明する適格機関投資家等特例業務において、「適格機関投資家」あるいは「特例業

務対象投資家」、すなわち「適格機関投資家等」に該当しない方は、原則として投資家として組合型ファンドに参画することができませんし、参画を求めることもできませんので注意してください。

適格機関投資家等特例業務の基本的な枠組み

　先述した適格機関投資家等特例業務の基本的な枠組みは、1名以上の適格機関投資家と49名以下の特例業務対象投資家を組合型ファンドの出資者とし、ファンドを通じて自己募集・自己運用する者が内閣総理大臣への所定の届出をすることにより、金融商品取引業の登録がなくとも特例的に、ファンド持分の自己募集やファンド財産の自己運用ができるというものです（一部例外要件もありますので、実際の組成時にはご留意ください）。その概念は以下の図18のように整理できます。

〈図18〉 適格機関投資家等特例業務の概念図

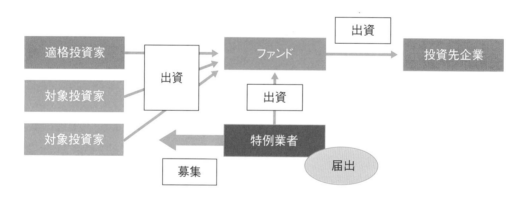

　適格機関投資家という投資のプロと一定の投資経験を有する特例業務対象投資家のみを出資者とする少人数の組合型ファンドであれば、金融商品取引業の登録という厳しい規制を課さなくても、投資家が害されるリスクは限定的であることから、金商法もファンドを通じた金融イノベーション促進の観点も考慮し、このような特例的な扱いを許容しているのです。

　ただし、適格機関投資家等特例業務の届出を行ったからといって、特例業務届出者が金融商品取引業の登録もなしに、無制限に自己募集・自己運用できるかというと、かならずしもそうではありません。特例業務届出者には、契約締結前書面の交付義務、契約締結時書面の交付義務、体制整備義務、分別管理義務、運用報告書の交付義務といった行為規制がかかることになります。なお、出資者が特定投資家の場合にはこの行為規制の一部が適用除外となることがあります。

LLPを用いた組合型ファンドの特徴

　組合型ファンドの類型のひとつとして、有限責任事業組合（Limited Liability Partnership：以下「LLP」）を組成し、投資を行うケースがあります。

　LLPとは、有責法が定める有限責任事業組合契約に基づき成立する組合のことであり、民法上の組合の特則として創設されたもので、①構成員全員の有限責任②内部自治の徹底③構成員課税（いわゆるパススルー課税）の適用といった特徴を持っています。LLPにおいては、原則的に全組合員（出資者）の同意により業務執行の決定が行われ、各組合員がそれぞれ業務執行する権利義務を有するものとされています。このような特徴から、特定個人の力量や専門性に頼って事業を行うモデルではなく、全組合員が寄り合って事業を行う、比較的小規模な事業体が予定されているといえるかと思います。また、法人格を有するものではありませんが、LLPの効力発生登記が規定されており、有限責任事業組合契約の効力が生じた場合にはこの登記を行う必要があります。

　なお、LLPの組合員は全員が有限責任、すなわち出資の価額を限度として組合の債務を弁済するのみの責任を負うことになります。また、法人もLLPの組合員になることができ、この場合、当該法人は当該組合員の職務を行うべき者を選任する必要があります。

LLPを用いた組合型ファンドのスキーム

　組合型ファンドとしてLLPを活用する場合には、LLPを対象ファンドとし、出資者が適格機関投資家等特例業務の届出を行ってファンドを運営することもできます。しかし、LLPの場合には業務執行の決定に原則として全員の同意が必要で、業務執行そのものも各組合員に権利義務があるなど、組合員各自の個性が強く、機動的な意思決定に欠けるというデメリットもあります。もちろん、少人数の個性の強い投資家が相互信頼の下にLLPを組成し、有限責任事業組合契約で業務執行の決定に関して例外を定めつつファンドを運営する形態もなくはないのでしょうが、活用できる場面は、他の組合型ファンドと比べかぎられています。

　むしろ、LLPを用いるファンドについては、LLPにおいて各組合員が業務執行に関与するという事業体の特徴を生かし、組合員全員がLLPの業務に関与する、すなわちLLPの業務に常時従事することにより、そもそも金商法の規制を受けずに（＝適格機関投資家等特例業務の届出すら行わずに）組合型ファンドを運営できる余地があります。この場合、適格機関投資家や特例業務対象投資家以外の投資家も出資者（組合員）になることができますし、適格機関投資家等特例業務の届出に要する事務コストやタイムラグを省くことも可能です。ただ、この「全員関与」ありとするための「常時従事」という要件は、パブリックコメント等を見るかぎりかなり厳しく認定されています。たとえば、出資対象事業の常務（軽微な日常的に反復して行われている事務を除く）に日常的・継続的に実質的に従事している状況が必要とされていますから、具体的にどのような体制を整備すれば

この要件を満たすのか、慎重に検討しなければなりません。

　一例として、先述したような「投資クラブ」をLLPにして、執行部に判断を委ねる形態にした場合を想定してみましょう。その場合、仮に執行部の監視権限を各組合員が持っていたとしても、全員関与の要件を欠き、金商法の規制に服する、すなわち原則的には金融商品取引業の登録が必要で、特例として適格機関投資家等特例業務の届出を要することになります。他方、少人数の投資家が寄り集まって、全員関与により意思決定を行うことを念頭に置いた契約形態でLLPを組成し、実際に毎度の投資判断等を行う会議体に常に全員が参画して意思決定を行っていれば、「常時従事」の要件を満たせる場合もあるものと考えられます。以下に全員関与型のLLPスキームを図示してみたので、こちらもあわせて参照ください。

〈図19〉　全員関与型のLLPスキームの概念図

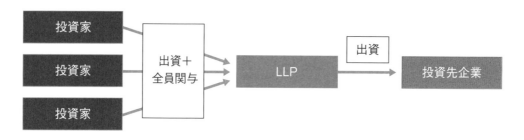

LLPの税務

　LLPの税務は、所得税及び法人税では民法に規定される任意組合と同様の取り扱いとなることが規定されています。そこで、ここでは組合型ファンドに係る税務の概要を理解するため、任意組合についての税務の概略を説明したいと思います。

　そもそも、日本では法人税法の規定により、内国法人は法人税の納税義務者とされており、公益法人等または人格のない社団等、外国法人についても一定条件下で法人税の納税義務者とされます。しかし、任意組合は法人税法上、法人でもなく人格のない社団でもない組織とされ（法人税法基本通達1-1-1）、任意組合自体に法人税が課税されることはありません。任意組合事業の損益は各組合員に直接帰属（パススルー）し、任意組合を組織する法人組合員もしくは個人組合員がそれぞれ任意組合事業の納税主体となり、各組合員の損益として法人税または所得税の課税対象となるのです（法人税基本通達14-1-1、所得税基本通達36・37共-19）。

　このように、組合自体が納税義務を負わず、各組合員が直接納税義務者となる場合の課税方式はパススルー課税と呼ばれ、民法の任意組合、有責法の有限責任事業組合、投有法の投資事業有限責任組合につ

いて適用されます。

　では、LLPの税務は具体的にどのように実施されるのでしょうか。法人組合員のケースと個人組合員のケースに分類し、その内容を詳細に見ていきたいと思います。

(1) 法人組合員

①所得の帰属と帰属時期

　LLPの組合事業で生じた利益（益金）または損失（損金）は、組合契約に基づき各組合員に直接帰属（パススルー）することになります（法人税基本通達14-1-1）。

　また、組合事業に係る損益は、現実に当該利益の分配を受け、または損失の負担をしていない場合でも契約で定められた分配割合に応じて組合員の各事業年度に対応する個々の損益を計算し、当該法人の損益に帰属させます。ただし、毎年1回以上一定の時期において組合事業の損益を計算し、かつ組合員への個々の損益の帰属が当該損益発生後1年以内である場合は、帰属損益を当該組合の事業年度を基に計算し、当該事業年度の終了の日の属する当該組合員の事業年度の損益に帰属させます（法人税基本通達14-1-1の2）。

②所得等の計算

　組合事業で発生した損益を①により各組合員に帰属させる（パススルーさせる）には、当該組合事業の収入金額、支出金額、資産、負債等をその分配割合に応じて計算する方法が原則となります（組合事業の損益計算書及び貸借対照表を受け入れるイメージで、「総額方式」といいます）。ただし、多額の減価償却費の前倒し計上など課税上弊害がないかぎり、損益のみをその分配割合に応じて帰属させる方法（純額方式）と当該組合事業の収入金額、その収入金額に係る原価の額、費用の額ならびに損失の額をその分配割合に応じて帰属させる方法（組合事業の損益計算書を受け入れるイメージで、「中間方式」といいます）が、継続適用を前提に認められます（法人税基本通達14-1-2）。

　なお、総額方式では組合事業で発生した取引を自己の収入金額、支出金額、資産、負債等としてその分配割合に応じて計算することになるので、法人税法に規定される、受取配当等の益金不算入、所得税額控除、引当金の繰入れ、準備金積立てが認められ、交際費等や寄付金の損金不算入制度など、組合員である法人は通常通り法人税の適用を受けることになります。これに対し、純額方式では交際費等や寄付金の損金不算入制度以外の適用はありません。また、中間方式では引当金繰入れ、準備金の積み立て等の適用がないこと以外は総額方式と同様の適用があります（法人税基本通達14-1-2）。

③組合損失額の損金算入制限

　LLPの組合事業の各事業年度において生じた損失（組合損失額）で、組合員の出資の価額を基礎として一定の方法により計算した金額（調整出資等金額）を超える部分の金額（組合損失超過額）は当該事業年度

の損金の額に算入することができません（租税特別措置法67-13①）。なお、この組合損失超過額は次年度以降連続して確定申告書を提出していることを要件として組合の各事業年度の利益に達するまでの金額を次年度以降の事業年度の損金に算入することができます（租税特別措置法67-13②）。

(2) 個人組合員

①所得の帰属と帰属時期

　個人組合員においても法人組合員の場合と同様に利益（益金）または損失（損金）は、組合契約に基づき各組合員に直接帰属（パススルー）することになります。組合員に帰属する利益の額または損失の額は、当該組合の利益の額または損失の額のうち分配割合に応じて利益の分配を受けるべき金額または損失を負担すべき金額とされています（所得税基本通達36・37共-19）。

　組合事業に係る損益は、組合員のその年分の各種所得の金額の計算上、総収入金額または必要経費に算入します。ただし、毎年1回以上一定の時期において組合事業の損益を計算し、かつ組合員への個々の損益の帰属が当該損益発生後1年以内である場合は、帰属損益を当該組合の事業年度を基に計算し、当該事業年度の終了の日の属する当該組合員の年分の各種所得の金額の計算上総収入金額または必要経費に算入します（所得税基本通達36・37共-19の2）。

②所得等の計算

　法人組合員の場合と同様に、組合事業で発生した損益を組合員に帰属させる（パススルーさせる）方法は、総額方式が原則となります。純額方式と中間方式は個人組合員の場合総額方式により計算することが困難と認められる場合で、かつ継続して計算している場合にのみその適用が認められます（所得税基本通達36・37共-20）。

　なお、総額方式では組合事業で発生した取引を自己の収入金額、支出金額、資産、負債等としてその分配割合に応じて計算することになるので、所得税基本通達36・37共-20では明記されていませんが、各組合員は当該組合事業に係る取引等について非課税所得、配当控除、確定申告による源泉徴収税額の控除等に関する規定、引当金、準備金等に関する規定の適用があるものと考えられます。これに対し、純額方式では総額方式で認められるような規定の適用はありません。各組合員に分配割合に応じて帰属する利益の額または損失の額は、当該組合事業の主たる事業の内容にしたがい、不動産所得、事業所得、山林所得または雑所得のいずれかの所得に係る収入金額または必要経費となります。中間方式では各組合員は当該組合事業に係る取引等について非課税所得、配当控除、確定申告による源泉徴収税額の控除等に関する規定の適用はありますが、引当金、準備金等に関する規定の適用はありません。

③ 組合損失額の損金算入制限

　LLPの組合員である個人が、組合事業から生じる不動産所得、事業所得または山林所得を有する場合において、組合事業の各事業年度において生じた損失（組合損失額）で、組合員の出資の価額を基礎として一定の方法により計算した金額（調整出資等金額）を超える部分の金額（組合損失超過額）はその年分の不動産所得、事業所得または山林所得の金額の計算上必要経費に算入されません（租税特別措置法27-2）。なお、法人組合員では組合損失超過額を次年度以降一定の条件で繰り越す規定がありますが、個人組合員にはその規定がないため、組合損失超過額はその年分で切り捨てられることになります。

LLPの実用例

　皆さんは2005年に、終戦60周年を記念して公開された「男たちの大和」という映画をご記憶でしょうか。

　監督は昨年86歳でお亡くなりになった佐藤純彌、プロデューサーは角川春樹、原作は辺見じゅん（春樹氏の実姉、2001年72歳没）で、メインキャストは反町隆史や中村獅童、仲代達矢、松山ケンイチ、蒼井優などが務めました。ストーリーは第二次世界大戦終盤、1945年4月6日に南シナ海で実施された菊水1号作戦で撃沈した戦艦大和の乗組員たちの生き様を描きつつ、その際に生き残った主人公が生きる意味を悟るまでの過程を描くというものです。実をいうと、私はこの映画の原作と台本を初めて読んだときに、新幹線のなかだったのにもかかわらず、人目も気にせず涙ぐんでしまい、これは当たると確信しました。その予感は見事に的中、製作費約25億円の大作として全国東映系で上映され、この年の邦画興行収入で100億円を超えて第1位となりました。また、長渕剛が作詞・作曲した主題歌「CLOSE YOUR EYES」は、今でもカラオケで人気の一曲となっています。

　この映画を製作するにあたっては、「角川春樹みらいファンド」というLLP組合が組成され、みらい證券（本章の著者である上島健史氏が代表取締役社長）が無限責任組合員（以下「GP」）として投資家を募り、その資金は映画のタイトルバックにも使用された「菊の御紋」の艦首や甲板、「CLOSE YOUR EYES」の製作などに活用されました。

　振り返ってみると、この年は金融界における映画ファンドブームだったのかもしれません。しかし、その多くは興行収入が伸び悩んでいました。たとえば、オダギリジョーと仲間由紀恵が共演し、浜崎あゆみが主題歌を務めた「忍び－SHINOBI」（松竹）や「北斗の拳」（メインキャストは阿部寛、柴咲コウ、宇梶剛士）の劇場用映画（東宝）もファンドは組成されたものの、いずれも元本割れだったと聞いています。

　そうしたなか、「男たちの大和」のビギナーズラックもあり、つぎの映画への出資の相談が、みらい證券のもとに舞い込んできました。大口スポンサーとしてエイベックスが10数億円を出し、主題歌は所属の歌手が担当するという案件でした。その映画のタイトルは「蒼き狼～地果て海尽きるまで～」。モンゴル建国800年記念と角川春樹事務所10周年を記念したもので、主演に反町隆史を迎え、チンギス・ハーンの人生をたどる物語でし

たが、私にはピンとくるものがありませんでした。何より当時横綱だった朝青龍ならいざしらず、反町隆史とチンギス・ハーンのイメージが重ならなかったのです。結果的にこの案件には最低口数の出資をしましたが、やはり大損失を被ってしまいました。

　もちろん、みらい證券としてかかわってきた映画のなかには、「男たちの大和」以外にも、いくつかの成功例があります。たとえば、黒澤明監督の名作「椿三十郎」のリメイク権を前出の「角川春樹みらいファンド」が買取り、そのリメイク版を織田裕二主演、豊川悦司共演で東宝から上映したところ、大ヒットとはなりませんでしたが、損益はプラスになりました。また、ヒットコミックを映画化した「イタズラなキス」やモノマネ芸人のコロッケが映画初主演をした「ゆずりは」などは、弊社がファンドを組成して現在まで出資をつづけており、年率5％以上の成果を上げつづけています。

　こうした話を聞きつけて、最近はさまざまなところからみらい證券に投資の話が持ち込まれるのですが、そのほとんどはお断りすることにしています。なかには海外からのお話もあり、ニューヨーク在住の友人からリチャード・ギア主演で忠犬ハチ公の「ハチ公物語」をリメイクして「HACHI 約束の犬」としてアメリカで上映したいというお話もいただきましたが、残念ながらお断りしました。日本へも逆上陸してフジテレビジョン開局50周年記念として放映されましたが、結果はどうだったのでしょうか。

　ですが、ひとつだけ断らなければ良かったと後悔している案件があります。それは「男たちの大和」に携わる以前、2003年に相談いただいた初めての海外案件でした。ある有名なアニメーション会社が魚の冒険アニメをつくるというのです。動物や王子様やお姫様の物語ならすぐに飛びついたかもしれませんが、魚ということで決断する勇気がありませんでした。しかし、フタを開けてみると、その映画は空前絶後の大ヒット作品になりました。そう、あの「ファインディング・ニモ」（ディズニーとピクサーの共同製作）だったのです! 後悔はありますが、この経験は非常に勉強になりました。このときにいただいたシナリオや出演俳優との契約書などが日本のものと比べてはるかに緻密で、日本の映画業界にはまだまだ改善の余地があると感じることができたからです。

　さて、少々話が脱線しましたが、こういった映画業界では出資元本を回収することを「リクープ」と呼び、その回収方法は大きく4つあります。

①興行収入…映画館でのチケット売り上げ（前売り、正規、学割、シニア割等）から配給会社の利益と上映館の収益を引いた残り。
②制作物収入…映画DVD、サントラ盤、パンフレット、ノベルティ等。
③放映権収入…地上波、BS等、興行収入に応じて値段が高くなり、2回目、3回目と値段は低減します。
④その他…ファンドが著作権も保有できた場合はリメイク権を売却した収益も加算されます。

　「男たちの大和」を例にとって、具体的にどのように収入を得ることができたかを見ていきましょう。

①の興行収入については、上映前に出資者にも応援してもらって前売り券を売ります。私たちも年末封切だったこともあり、お歳暮代わりにお世話になった方々に配ったりしました。

②のDVDは35万部ほど売れたので、これだけでもかなりの収入になりました。通常はこれ以外にグッズ販売をするケースもありますが、このときはそれ以上にレコード会社と作詞作曲者である長渕剛氏に著作権の50％を譲っていただいたのが大きかったです。カラオケで主題歌が歌われるたびに収入になるわけですから。

③上映された映画がすぐに「地上波初登場!」というふれこみでオンエアされるときがありますが、それは興行収入が振るわず、はやく回収しなければならないケースであることが多いように思います。また、最近では地上波、BS、CSのほかに、航空機やCATV、ネット動画など回収方法も増えてきています。「男たちの大和」の場合は終戦60周年記念映画として製作されたので、70周年のときにも地上波、BSにて放映されました。もしかすると2025年の80周年や2035年の90周年、2045年の100周年の際にも流れるかもしれません。

LPSを用いた組合型ファンドの特徴

つぎに、同じく組合型ファンドのひとつである投資事業有限責任組合（Investment Limited Partnership／以下「LPS」）を組成し、投資を行うケースについて見ていきたいと思います。

LPSとは、投有法が定める投資事業有限責任組合契約に基づき成立する組合のことであり、LLPと同様、①有限責任のみ負担する組合員（以下「LP」）の存在が許容されており、②利益配分の柔軟性という意味合いでの内部自治にも制約が少なく、③構成員課税（いわゆるパススルー課税）の適用を受けることのできる事業体です。ただし、かならず1名以上の無限責任組合員（以下「GP」）の存在が必要とされ、GPが業務執行を行う一方、LPは業務執行を行わないという特徴があります。LLPが全員同意を原則とする事業体であるのに対し、LPSはGPの力量や専門性に信を置く事業体であるということができるかと思います。

LPSも事業体としての性格はありつつも、法人格を有するものではありませんが、LLPと同様、効力発生登記が規定されています。したがって、投資事業有限責任組合契約の効力が生じたときには、所定の登記を行う必要があります。

LPSの組合員については、後述する適格機関投資家等特例業務を行う場合に金商法上の規制があることを除けば、投有法上の規制はとくにありません。GP、LPともに法人が組合員になることができますし、GPが複数人の場合やLLPがGPになっているLPSも存在しえます。

他方、LPSはLLPと異なり、投有法上事業目的が限定されています。たとえば、株式投資（株式の取得及び保有）は対象となっていますが、一定の例外的な場面を除き、不動産の取得はできませんし、株式の信用取引も規制されており、実質的には株式売買の仲介になるような短期転売目的での株式の取得・転売が認められるかどうかも法文上不明確です。

LPSを用いた組合型ファンドのスキーム

　組合型ファンドとしてLPSを活用する場合には、業務執行をGPのみが行うという特徴から、LPSを対象ファンドとしてGPが適格機関投資家等特例業務の届出を行い、LPを自己募集のうえで自己運用を行うことになります（金融商品取引業の登録を行わない場合）。この際に、最低1名の適格機関投資家と49名以内の特例業務対象投資家だけが出資者として認められます。

　また、先述したとおり、LPSではLLPの場合と異なり、LPが業務執行に関与する必要がありません。しかも、有限責任でありつつ、パススルー課税のメリットを享受できることから、業務執行に関心のない、比較的多くの投資家から出資を募りやすいという特徴があり、過去にも多くのファンドがLPSスキームを採用しています。ファンド組成後にLPを追加して投資家を増やせるのもメリットといえるでしょう。

　ただし、LPSスキームにおいて、GPに求められるところは大です。たとえば、事業年度ごとにLPSの財務諸表を作成し、公認会計士または監査法人の監査を受けなければならないといった負担があります。LPにとっては透明性が高まり安心感を持てるというメリットがありますが、その分、GPのコストや手間がかなり必要になるのです。一方、LPSはGPの力量や専門性に信を置くスキームですから、GPの成功報酬や成功分配は投資事業有限責任組合契約において定めておくのが一般的です。この報酬等に関する条項はGPとLPの利害の対立しやすい部分でもあり、報酬についてはさまざまな考え方が提唱されています。以下にLPSスキームについて図示したので、こちらも参考にしてみてください。

〈図20〉 LPSスキームの概念図

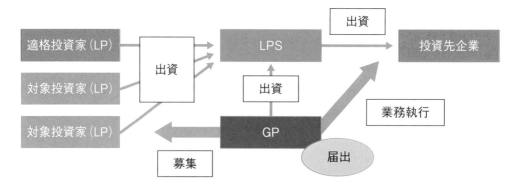

LPSの税務

　LPSの税務も、民法上の任意組合と同様の取り扱いとなることが法人税基本通達、所得税基本通達に規定されています。

　LPSとLLPの税務上の取り扱い相違点は、LLPが有限責任組合員（LP）のみで構成される組合であること

に対し、LPSは出資の価額を限度として組合の債務弁済責任を負う有限責任組合員（LP）と業務を執行する無限責任組合員（GP）とにより構成される組合であること、そしてその責任に応じて、出資総額を超える損失の額の取り扱いが異なることにあります。この点に関して、法人組合員については1998年10月21日付け法人税個別通達で、個人組合員については経済産業省大臣官房審議官からの事前照会に対する国税庁課税部長の2004年6月18日付け回答において取り扱いが明示されています。そこで、以下にそれぞれの取り扱いについて記載しておきたいと思います。

(1) 法人組合員

①所得の帰属と帰属時期

　LPSの組合事業で生じた利益（益金）または損失（損金）は、組合契約に基づき各組合員に直接帰属（パススルー）することになります（法人税基本通達14-1-1）。組合事業に係る損益は、現実に当該利益の分配を受け、または損失の負担をしていない場合でも契約で定められた分配割合に応じて組合員の各事業年度に対応する個々の損益を計算し、当該法人の損益に帰属させます。ただし、毎年1回以上一定の時期において組合事業の損益を計算し、かつ組合員への個々の損益の帰属が当該損益発生後1年以内である場合は、帰属損益を当該組合の事業年度を基に計算し、当該事業年度の終了の日の属する当該組合員の事業年度の損益に帰属させます（法人税基本通達14-1-1の2）。

②所得等の計算

　組合事業で発生した損益を①により各組合員に帰属させる（パススルーさせる）方法は、当該組合事業の収入金額、支出金額、資産、負債等をその分配割合に応じて計算する方法である総額方式が原則となりますが、継続適用を前提に純額方式または中間方式が認められます（法人税基本通達14-1-2）。なお、LPSは先述のとおりLP組合員とGP組合員に区別され、それぞれの損失等の計算方法は以下のように異なります。

　　イ「総額方式」

　　　(i) LP組合員

　　組合の損失額に対する当該LP組合員が負担する損失の額の割合を組合の収入金額、支出金額に乗じて、当該LP組合員のこれらの金額として計上します。資産については分配割合に応じて計上し、負債については分配割合に応じた額からLP組合員が負担しない部分（出資の額を超えた損失分）を控除した金額を計上します。

　　　(ii) GP組合員

　　組合の収入金額、支出金額、資産、負債のうち、LP組合員の収入金額、支出金額、資産、負債として計上した額を控除した額をGP組合員の収入金額、支出金額、資産、負債として計上します。

ロ「中間方式」

（ⅰ）LP組合員

組合の損失額に対する当該LP組合員が負担する損失の額の割合を組合の収入金額、その収入金額に係る原価の額及び費用の額ならびに損失の額に乗じて、当該LP組合員のこれらの金額として計上します。

（ⅱ）GP組合員

組合の収入金額、その収入金額に係る原価の額及び費用の額ならびに損失の額のうちLP組合員のこれらの金額として計上した額を控除した額をGP組合員の収入金額、その収入金額に係る原価の額及び費用の額ならびに損失の額として計上します。

ハ「純額方式」

（ⅰ）LP組合員

当該LP組合員の出資の額を限度として損失の額を計上します。ただし、当該LP組合員の持ち分に相当する金額が設立当初の出資の額よりも減少しているときは、当該持ち分に相当する額を限度とします。

（ⅱ）GP組合員

組合の損失のうちLP組合員が負担した額を控除した額をGP組合員の損失の額として計上します。ちなみに、総額方式では法人税法に規定される受取配当等の益金不算入、所得税額控除、引当金の繰入れ、準備金積立てが認められ、交際費等や寄付金の損金不算入制度など、組合員である法人は通常どおり法人税の適用を受けることになります。対して、純額方式では交際費等や寄付金の損金不算入制度以外の適用はなく、中間方式では引当金繰入れ、準備金の積み立て等の適用がないこと以外は総額方式と同様の適用があります（法人税基本通達14-1-2）。

③組合損失額の損金算入制限

　LPSの組合員がLP組合員に該当する場合には、組合事業の各事業年度において生じた損失（組合損失額）のうち、組合員の出資の価額を基礎として一定の方法により計算した金額（調整出資等金額）を超える部分の金額（組合損失超過額）は当該事業年度の損金の額に算入することができません（租税特別措置法67-12①）。なお、この組合損失超過額は次年度以降連続して確定申告書を提出していることを要件として組合の各事業年度の利益に達するまでの金額を次年度以降の事業年度の損金に算入することができます（租税特別措置法67-12②）。

（2）個人組合員

①所得の帰属と帰属時期

　個人組合員においても法人組合員の場合と同様に利益（益金）または損失（損金）は、組合契約に基づき

各組合員に直接帰属（パススルー）することになります。組合員に帰属する利益の額または損失の額は、当該組合の利益の額または損失の額のうち分配割合に応じて利益の分配を受けるべき金額または損失を負担すべき金額とされています（所得税基本通達36・37共-19）。

　組合事業に係る損益は、組合員のその年分の各種所得の金額の計算上総収入金額または必要経費に算入します。ただし、毎年1回以上一定の時期において組合事業の損益を計算し、かつ組合員への個々の損益の帰属が当該損益発生後1年以内である場合は、帰属損益を当該組合の事業年度を基に計算し、当該事業年度の終了の日の属する当該組合員の年分の各種所得の金額の計算上総収入金額または必要経費に算入します（所得税基本通達36・37共-19の2）。

②所得等の計算

　個人組合員も法人組合員の場合と同様、組合事業で発生した損益を組合員に帰属させる（パススルーさせる）方法は、総額方式が原則となります。個人組合員の場合、純額方式と中間方式は総額方式により計算することが困難と認められる場合で、かつ継続して計算している場合にのみその適用が認められます（所得税基本通達36・37共-20）。ちなみに、LPSの個人組合員にもLP組合員とGP組合員があり、それぞれの損益帰属方法による損失等の計算方法は以下のように異なります。

　イ「総額方式」

　　（i）LP組合員

　　組合の損失額に対する当該LP組合員が負担する損失の額の割合を組合の収入金額、支出金額に乗じて、当該LP組合員のこれらの金額として計上します。資産については分配割合に応じて計上し、負債については分配割合に応じた額からLP組合員が負担しない部分（出資の額を超えた損失分）を控除した金額を計上します。

　　（ii）GP組合員

　　組合の収入金額、支出金額、資産、負債のうちLP組合員の収入金額、支出金額、資産、負債として計上した額を控除した額をGP組合員の収入金額、支出金額、資産、負債として計上します。

　ロ「中間方式」

　　（i）LP組合員

　　組合の損失額に対する当該LP組合員が負担する損失の額の割合を組合の収入金額、その収入金額に係る原価の額及び費用の額ならびに損失の額に乗じて、当該LP組合員のこれらの金額として計上します。

　　（ii）GP組合員

　　組合の収入金額、その収入金額に係る原価の額及び費用の額ならびに損失の額のうちLP組合員のこれらの金額として計上した額を控除した額をGP組合員の収入金額、その収入金額に係る原価の額

及び費用の額ならびに損失の額として計上します。

ハ　「純額方式」

（i）LP組合員

当該LP組合員の出資の額を限度として損失の額を計上します。ただし、当該LP組合員の持ち分に相当する金額が設立当初の出資の額よりも減少しているときは、当該持ち分に相当する額を限度とします。

（ii）GP組合員

組合の損失のうちLP組合員が負担した額を控除した額をGP組合員の損失の額として計上します。

ちなみに、総額方式では組合事業で発生した取引を自己の収入金額、支出金額、資産、負債等としてその分配割合に応じて計算することになるので、所得税基本通達36・37共-20では明記されていませんが、各組合員は当該組合事業に係る取引等について非課税所得、配当控除、確定申告による源泉徴収税額の控除等に関する規定、引当金、準備金等に関する規定の適用があるものと考えられます。これに対し、純額方式では総額方式で認められると考えられる規定の適用はありません。各組合員に分配割合に応じて帰属する利益の額または損失の額は、当該組合事業の主たる事業の内容に従い、不動産所得、事業所得、山林所得または雑所得のいずれかの所得に係る収入金額または必要経費となります。中間方式では各組合員に当該組合事業に係る取引等について非課税所得、配当控除、確定申告による源泉徴収税額の控除等に関する規定の適用がありますが、引当金、準備金等に関する規定の適用はありません。

③ 組合損失額の損金算入制限

　LPSの組合員である個人が、組合事業から生じる不動産所得、事業所得または山林所得を有する場合において、組合事業の各事業年度において生じた損失（組合損失額）で、組合員の出資の価額を基礎として一定の方法により計算した金額（調整出資等金額）を超える部分の金額（組合損失超過額）はその年分の不動産所得、事業所得または山林所得の金額の計算上必要経費に算入されません（租税特別措置法27-2）。なお、法人組合員では組合損失超過額を次年度以降一定の条件で繰り越す規定がありますが、個人組合員にはその規定がないため、組合損失超過額はその年分で切り捨てられることになります。

LPSの実用例

　つぎにこのLPSの特性を活用した事例をご紹介します。

　SBIホールディングス株式会社の子会社であるSBI地域事業承継投資株式会社（以下「SBI地域事業承継投資」）は、後継者問題を抱える日本国内の中小企業への投資を目的としたSBI地域事業承継ファンド（SBI地域事業承継投資1号投資事業有限責任組合、以下「本ファンド」）を、2019年に設立しました。GPには

SBI地域事業承継投資が就任し、常陽銀行、大和証券グループ本社、東邦銀行、名古屋銀行、福岡中央銀行、みずほ信託銀行、一般社団法人調剤薬局運営研究会等からLP出資を募り、LPSとしての運用を行っています。本ファンドによる事業承継（後継者育成）事案の第1号案件は地方の調剤薬局への投資でした。この案件はLPSからエクイティ、銀行からLBOローンを調達し、買収目的SPCがその資金をもとに事業会社を買収するというスキームでした。

その後、後継者が育ち、事業収益が安定してきた後には同業他社などに売却して投資回収を行います。本ファンドではこのエグジット時点におけるLPSの想定投資リターンを20～25％と見込んでおり、必要経費控除後、その利益はGP、LPにパススルーされます。

GKTKを用いた組合型ファンドの特徴

もうひとつの組合型ファンドの形態として、会社法所定の合同会社（以下「GK」）を設立して、出資者から匿名組合契約に基づき出資（以下「TK出資」）を募り、当該GKが匿名組合契約における営業者として、投資対象企業に投資を行うというケースがあげられます。GKをビークルとして用い、TK出資を募って投資を行うので、「GKTKスキーム」などと呼称されている方法です。なお、合同会社は「GK」という呼称とは別に、日本版LLCと呼ばれることもあります。

GKはLLPやLPSと異なり法人格を有する会社で、株式会社よりも設立登記費用が安価で、役員の任期や決算公告義務もなく、ランニングコストも安いことから、匿名組合契約における営業者として用いられることが多くあります。

他方、匿名組合契約とは、匿名組合員が営業者の営業のために出資（TK出資）をなし、その営業により生じる利益を分配すべきことを定めた契約のことで、商法に根拠法令があります。LLPやLPSと異なり、匿名組合は単独では事業体とは認められず、GK等の営業者と出資者との間で個別に締結される契約をもって、TK出資を受けた営業者が事業体として活動することになります。

GKTKスキームも、LLPや、LPSにおけるLPと同様、匿名組合員は有限責任のみを負いますが、課税は構成員課税（パススルー課税）ではなく、いわゆるペイスルー課税の形態となります。詳細は後述しますが、営業者たるGKが収益すべてを分配しているかぎり、GKには課税が生じないものの、対象事業から営業者が受け取る収益の性質（配当所得、譲渡所得等）にかかわらず、匿名組合員への分配は雑所得になります。その意味で、LLPやLPSのような純粋な構成員課税とは一線を画すので、注意が必要です。

また、営業者たるGKの業務執行は、代表社員によって行われることになります。法人も代表社員になることができ、この場合には法人たる代表社員が自然人たる職務執行者を選任することになります。他方、匿名組合員には特段の資格はいりません（適格機関投資家等特例業務を行う場合には、適格機関投資家等である必要があります）。

GKTKを用いた組合型ファンドのスキーム

　GKTKスキームは別途、ノンリコースローンを調達するにあたり、倒産隔離を実現するスキームとしても用いられており、インフラや不動産、不動産信託受益権への投資にあたってのスキームとして頻繁に用いられています。他方、非上場企業の株式への投資に際しては、LPSスキームによるほうが構成員課税のメリットを享受しやすいし、流動性の乏しい非上場株式をLPSにおいて可否に疑義のある短期転売目的で取得するという実例が乏しいことから、わざわざ用いられる場面はあまりないように思います。ただ、たとえば短期での転売が見込める非上場企業の株式を投資対象とする場合や、いわゆるトランシュ構造で出資を募る場合、LPSよりもGKのほうが法人格があるため外部借入をしやすい点などを考慮し、GKTKスキームを用いる場面も考えられるでしょう。

　ちなみに、GKTKスキームの場合、意思決定は匿名組合員ではなく、あくまでGKが行う体制をとる必要があります。そうしないと、匿名性が否定され、税務上問題が生じる可能性があるので要注意です。以下にGKTKスキームを図示したので、こちらも参考にしてください。

〈図21〉　GKTKスキームの概念図

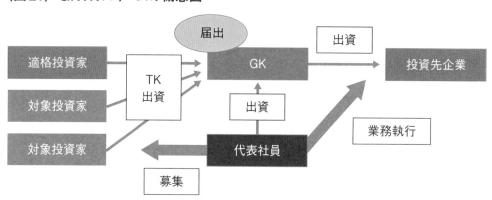

GKTKの税務

　GKは普通法人として株式会社と同様に課税所得及び法人税額の計算ならびにその手続きについて法人税法の適用を受けます。GKが匿名組合の営業者となる場合には、匿名組合員に分配すべき利益の額または負担させるべき損失の額を当該GKの損金の額または益金の額に算入します（法人税基本通達14-1-3）。これはペイスルー課税方式と呼ばれ、TKの営業者であるGKにおいては実質的に法人税課税を受けず（ペイスルー、損金算入等され）匿名組合員の所得または損失として認識されることになります。

　TKは法人税法上、法人でもなく人格のない社団でもない組織とされ（法人税基本通達1-1-1）、TK自体に法人税が課税されることはありません。TKの損益はTKの営業者とTKの構成員である匿名組合員の損益として法人税または所得税の課税対象（パススルー課税）となります（法人税基本通達14-1-3、所得税基本通達36・37共-21）。

TKは匿名組合契約が営業者の事業に匿名で出資をすることに最大の特徴があり、このことが租税回避スキーム等に利用されることがあります。

TKの形式を整えていてもその実態が民法上の任意組合とみなされる場合、法律上の資産の所有者は営業者ではなく組合員の共有となり、税務上の取り扱いが大きく異なるなど、ファンド組成等の場合にはTKの経済的、法律的性格を十分考慮する必要があります。

(1) 営業者の税務

GKがTKの営業者である場合、GKは普通法人として法人税法の規定により課税所得及び法人税額の計算を行います。法人の各事業年度の課税所得の金額は益金の額から損金の額を控除した金額とされ（法人税法22条）、営業者であるGKは当該事業年度の所得金額の計算にあたり、匿名組合契約により匿名組合員に分配すべき利益の額または負担させるべき損失の額を当該GKの損金の額または益金の額に算入（ペイスルー）することになります（法人税基本通達14-1-3）。

また、営業者が個人である場合、所得税法の規定により各種所得を計算します。個人である匿名組合員が当該匿名組合契約に基づいて営業者として組合事業に係る重要な業務執行の決定を行っている場合、もしくは組合事業を営業者とともに経営していると認められる場合には、当該営業者の所得及び当該匿名組合員が当該営業者から受ける利益の分配は、当該営業者の営業の内容にしたがい、事業所得またはその他の各種所得とされます（所得税基本通達36・37共-21、36・37共-21の2）。

(2) 匿名組合員の税務

GK（法人税法上の法人）が匿名組合員である場合におけるその匿名組合営業について生じた利益の額または損失の額については、現実に利益の分配を受け、または損失の負担をしていない場合であっても、その金額を計算期間の末日が属する事業年度の益金の額または損金の額に算入します（法人税基本通達14-1-3）。また、個人である匿名組合員が匿名組合契約に基づく営業者から受ける利益の分配は雑所得となります。ただし、匿名組合員が営業者または営業者に準ずる者とみなされる場合、当該匿名組合員が当該営業者から受ける利益の分配は、当該営業者の営業の内容にしたがい、事業所得またはその他の各種所得とされます（所得税基本通達36・37共-21）。

また、GKが匿名組合員のうち特定組合員として一定の条件に該当する場合には、組合事業の各事業年度において生じた損失（組合損失額）のうち、組合員の出資の価額を基礎として一定の方法により計算した金額（調整出資等金額）を超える部分の金額（組合損失超過額）は当該事業年度の損金の額に算入することができません（租税特別措置法67-12①）。なお、この組合損失超過額は次年度以降連続して確定申告書を提出していることを要件として組合の各事業年度の利益に達するまでの金額を次年度以降の事業年度の損金に算入することができます（租税特別措置法67-12②）。

GKTKの実用例

つぎにGKTKスキームを利用した優先株式発行事例を紹介します。

〈優先株式発行条件〉

（1）発行総額：40億円

（2）発行体：H株式会社

（3）引受人：M證券が設立するSPC（合同会社）

（4）発行時期：2020年〇月〇〇日

（5）発行株式：優先株式

（6）優先株式詳細設計

　　①残余配当非参加型

　　②優先配当累積型

　　③無議決権

　　④5年後償還

　　⑤発行主体に1年毎の繰上償還権付与

（7）優先配当率：3.5%

〈図22〉 GKTKを活用した「優先株式発行スキーム」図

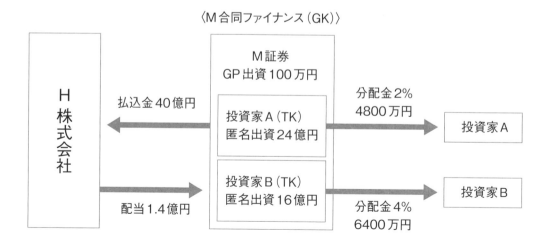

このスキームにおける投資家Aは法人投資家であり、2%水準の分配金利回りを受容していただきました。これに対して、投資家Bは個人投資家であり、16億円という多額の匿名出資を受容していただくために、4%という比較的高い利回りを呈示しました。これらの異なる利回り水準の「トランシュ構造」を形成できるのが、GKTKスキームの優れた点といえます。合同会社（GK）が発行体より引き受けた単一の有価証券ならびにその果実を、個別に投資家と締結する匿名組合契約（TK）を通じて、個別の投資家ごとに変えることができる（トランシュ構造）わけです。

主な組合型ファンドの相違点まとめ

ここまで見てきた組合型ファンドの主な相違点を整理すると、以下のようになります。各組合型ファンドの特徴を理解することで、適切なスキーム選択の一助とすべく参考にしてください。

（表20）主な組合型ファンドの相違点まとめ表

	LLP	LPS	GKTK
法人格	なし	なし	合同会社につき有り
構成員	2名以上の 法人・個人	2名以上の 法人・個人・組合	1名の営業者（GK） 1名以上の匿名組合員
登記	必要	必要	合同会社につき必要 匿名組合につき不要
事業目的	営利事業ならば可	株式投資等に制限	営業であれば可
業務執行	決定は全員同意（原則） 執行は全組合員	GPのみが行う	営業者 （代表社員）が行う
税務	パススルー課税	パススルー課税	ペイスルー課税

上場企業株式

日本の証券市場は1878年、東京・大阪に株式取引所が設けられたときにはじまりました。その後、第二次世界大戦で一時閉鎖されましたが、GHQ（連合国軍最高司令官総司令部）から許しが出た1949年5月に再開され、現在にいたっています。1878年末、4銘柄（東京株式取引所、第一国立銀行、東京兜町米商会所、東京蛎殻町米商会所）だった上場企業は2019年9月時点で約3800社となっています。140年間で3800社ということは平均すると1年当たり27社増ということになりますが、実際には年間約100社が新規上場しているわけですから、そこに統合、合併、上場廃止といった企業の栄枯盛衰があることがあらわれています。「会社の寿命は30年」といわれることがありますが、実にいい得て妙なのかもしれません。

さて、上場企業株式とは当然ながら、証券取引所が開設する市場で売買される株式のことです。取引所には日本取引所（2013年7月東京と大阪各証券取引所の現物市場が統合）、名古屋証券取引所、札幌証券取引所、福岡証券取引所の4つがあり、日本取引所と名古屋証券取引所は2001年に株式会社組織に改組されています。

では、具体的にどのような株式市場があるのでしょうか。まずは日本取引所（東京証券取引所）が運営する株式市場を見ていきましょう。

東証第二部市場は1961年に一部上場基準を緩和し、店頭銘柄を吸収して発足した株式市場です。新規上場会社の登竜門となりましたが、1986年のNTTの上場を皮切りに1996年には直接一部上場が可能になりました。また、東証マザーズは1999年に成長性を重視し、赤字企業や債務超過の企業でも上場可能というふれ込みで創設された株式市場です。その後、2011年に投資者保護の観点から上場審査基準が厳格化され今日にいたっています。そして、JASDAQについてはつぎのような変遷をたどっています。前身は1963年に日本証券業協会が店頭登録制度を創設し、1983年に立ち上げた新店頭市場で、その後、1998年の証取法改正で店頭売買有価証券市場となり、さらに2004年にジャスダック証券取引所となりました。そして、2010年には大証ヘラクレスと市場統合し、2013年7月からはJASDAQという名称で運営されています。

もちろん、その他の取引所も株式市場を運営しており、名古屋証券取引所第一部と第二部（1961年に一部上場基準を緩和し発足、所属のベンチャー市場は「セントレックス」）や札幌証券取引所のベンチャー市場「アンビシャス」、福岡証券取引所のベンチャー市場「Qボード」があります。

少し毛並みが異なりますが、2009年6月に東京証券取引所とロンドン証券取引所が共同で創設した「TOKYO AIM」を母体とした「TOKYO PRO Market」（プロ投資家向け市場）というものもあります。2012年3月に東証がロンドン証取の保有する株式を全量買い取り、改正金商法プロ向け市場制度に基づいて運営されています。

ちなみに、取引所ごとの上場企業数は2020年6月30日時点で、以下のようになっています。

東証第一部：	2169	社
東証第二部：	480	
マザーズ：	326	
JASDAQ：	700	
名古屋：	291（67）	
札幌：	58（16）	
福岡：	110（25）	
TOKYO PRO Market	37	
合　計	4171（108）	（　）内は単独上場
	3820（重複上場除く）	

非上場企業株式

　つづいて非上場企業株式について述べていきたいと思いますが、その前に簡単に語句の整理をしておきましょう。上場企業のことをよく「公開会社」といいますが、「公開会社」とは会社法第2条第5号でいう定款で「譲渡制限の定めのない」会社のことをいい、会社が発行する株式に譲渡制限がある場合は「非公開会社」と呼びます。そのため、非上場企業であっても公開会社である可能性はあるわけです。

　また、国税庁は相続税法によって上場企業株式と非上場企業株式を明確に区分しており、「取引相場のない株式」と定義づけ、株価算定方式も定めています。そして、金商法では非上場企業であっても、50人以上の投資家から1億円以上の資金を募集または売出した場合、有価証券届出書を提出のうえ、上場会社と同様に有価証券報告書ならびに半期報告書を作成し、公認会計士等の金商法監査を受けたうえで、継続開示しなければならないとしています。

日本における非上場企業株式流通の歴史

　有価証券には取引所に上場している上場有価証券とそれ以外の有価証券である店頭有価証券があります。非上場企業株式は取引所で売買されないため、取引所外で取引されることになり、証券会社と適格機関投資家間か顧客と証券会社間での相対取引となります。このような取引を「店頭取引」と呼び、取引対象である有価証券を店頭有価証券といいます。店頭有価証券は通称、青空銘柄とも呼ばれ、日本証券業協会の公正慣習規則によって、投資勧誘はできないが受託注文は可能とされています。

　ちなみに、日本証券業協会はこうした非上場企業株式（店頭取扱有価証券）の流通制度として、1997年7

月から2018年3月まで「グリーンシート銘柄制度」を運用していました。米国のピンクシートを模したもので、成長企業の育成と資金調達の場として期待され、一時は150社くらいが登録し、上場会社も輩出していました。しかし、2004年に証券取引法（現在の金商法）の規制を受けることになって状況は一変。インサイダー取引規制やタイムリーディスクロージャー（適時開示）など上場企業と同様の規制を受けるようになってからは指定取り消しが続出し、2018年に市場としての役割を終え、廃止されました。

株主コミュニティ制度

　このグリーンシート銘柄制度に代わる非上場企業株式の新株発行と流通の新たな制度として2015年5月に整備されたのが株主コミュニティ制度です。
　株主コミュニティ制度の特徴は以下のとおりです。

1. 取引所に上場するのではなく、それぞれの非上場企業ごとに株主コミュニティという取引所を開設する。
2. 審査は日本証券業協会から指定を受けた運営会員（2020年6月30日時点、指定順で今村証券、島大証券、みらい證券、大山日ノ丸証券、みずほ証券、野村證券の6社）が行い、審査を通過した後、日本証券業協会へ届け出ます。
3. 運営会員（証券会社）へ会員希望者が入会を申込み、非上場企業が了承した者のみがコミュニティ会員となれます。この段階では株主ではないので、既存株主が売却するか新株が発行されるまで株主とはなりません。株主数＋コミュニティ会員が株主コミュニティの一般形となります。
4. 普通株式、優先株式、新株予約権付社債など、銘柄ごとに株主コミュニティを組成できます。非上場企業1社につき複数のコミュニティが組成されることもあります。

　この仕組みを使えば、非上場企業もあらたな視点での資金調達が可能になります。ウィズコロナの社会においては、想定外のリスクや資金調達の必要性が生じる可能性があるので、先に述べたファンド組成のテクニックとあわせて、こういった制度も念頭に置いたうえで経営に臨んでいただきたいと思います。

おわりに

　「ウィズコロナ社会における経済と経営」と題して、小職ら共同執筆者は、新型コロナウイルス感染症（COVID-19）とその社会的・経済的・経営的影響の記述に関して、きわめて真面目に取り組んできました。本来「おわりに」とは、それまでの記述内容をあらためて真面目に総括するものですが、本書をお読みいただいた読者諸氏にはご理解いただけますように、本書の内容は実に多岐にわたっており、総括の仕様がないというのが本音です。そこで、最後に少しだけ、おふざけをお許しください。

　小職は、実は大の歴史ファンであります。ここで、その一端をご披露することを何卒ご容赦ください。

　まずは中国春秋戦国時代より、つぎの言葉を引用します。

孫子曰く「敵を知り、己を知れば、百戦危うからず」

　「孫子」の作者とされる孫武（紀元前300年頃の孫臏作との異説あるいは両者の合作との異説がある）が生きた春秋戦国時代は、多くの国が覇権を争って戦いに明け暮れた時代であり、孫子における「知る」とは、まさに敵国に打ち勝つための「方法」を知ることでした。ただ、「孫子」が2500年以上も語り読み継がれてきた所以は、それがたんなる戦法の書ではなく、国家運営の戦略面の指南書でもあったからだと思われます。この点が「**戦争は他の手段を以ってする政治の延長に過ぎない**」と喝破したドイツの大戦略家、クラウゼビッツと多くの場面において並び称される所以でもあります。

　ともあれ、「知る」とは敵ならびに己の「戦法」「戦術」「戦略」の質と量の情報を入手し、入手した情報を分析し、分析結果に基づき「戦法」「戦術」「戦略」を立案することにあります。そして「戦い」とは、実際の戦闘が開始される前からはじまっていると考えるべきものです。

　今回の新型コロナウイルスとの「戦い」においても、国・地方公共団体・企業において、事前にBCP（Business Continuity Planning：事業継続計画）が立案されていれば、パンデミック時においても当該BCPが粛々と実行されたはずです。しかし、実際にはそのようにうまくはいきませんでした。

　そこで、ふたたび「孫子」よりつぎの言葉を引用したいと思います。

孫子曰く「戦いて負けるは下策、戦いて勝つは中策、戦わずして勝つを以って上策とす」

　すでに新型コロナウイルス（SARS-CoV-2）との「戦い」ははじまってしまっていますので、今から「上策」にすることはできません。しかし、今からでも遅くはないと信じ、情報入手⇒入手情報の分析⇒分析結果に基づく「戦法」「戦術」「戦略」の立案と実施プロセスを回し、と同時にきたるべきあらたな敵と戦いに備えなければなりません。そうすれば、次戦において戦わずして勝ち、「以って上策」とすることができるはずです。

　最後にギリシア人の物語を1節、ご紹介したいと思います。

　第3次ペルシア戦役中の華である「テルモピュライ（※1）の戦い」を描いた映画『300（スリーハンドレッド）』（2007年公開：興行収入300億円以上の大ヒットとなった）のラストシーン近く、200万のペルシア軍に対し、300人にすぎないスパルタ軍とともに玉砕を目前に控えたレオニダス大王（※2）は、隻眼となっていた親友のディリオスにひとり生き残るように申し渡し、ただつぎの言葉のみを伝えよと命じて、スパルタ本国への使者としました。

「我々を忘れるな!」(Remember Us!)

　やがてこの言葉はギリシア全土へと伝えられ、「サラミスの海戦」(※3)の勝利へと結実していきました。

　「戦役」と「疫病」──。ともにわれわれにとっての疫病神であり、ともに忘れた頃にやってくるものです。いったんコロナショックが収束したとしても、その第2波、第3波、あるいは別種の新しいウイルスによってふたたび大規模な混乱が生じる可能性もあります。そのあたりを私たちはしっかりと肝に銘じなければなりません。

　さて、本書を締めくくるにあたって、いくつかの疑問・懸念点を呈示させていただきたいと思います。

① 新型コロナウイルスは、ヒトの体内において、無発症状態でどれくらいの期間生存できるのか。

　その期間が14日間なのか。

② 新型コロナウイルスの重症化症例は「致死性肺炎」にとどまるのか。

　あるいは「致死性多臓器炎症」に拡大するのか。

③ 短期間で変異する新型コロナウイルスに対して、ワクチン療法は本当に有効なのか。

④ 各国中央銀行が無制限にお札を刷りつづけることは本当に可能なのか。

　ハイパーインフレーション(ハイパースタグフレーション)は本当に起こらないのか。

　小職は何でもかんでも雑学的に聞きかじるだけの浅学の徒にすぎず、これらの自問に明確な答えを出すことができません。賢明なる読者諸氏のなかにこれらの回答をお持ちの方がいらっしゃいましたら、ぜひともご教示いただけますと幸いです。

　最後になりましたが、拙い書き散らしに長い間お付き合いいただきましたことに対し、執筆者一同を代表いたしまして、厚く御礼申し上げます。また、本書の発刊にあたってご協力いただいた東方通信社の古川猛編集長をはじめとしたスタッフの皆さんにも御礼申し上げたいと思います。

　読者諸氏におかれましては、きたるべき「ウィズコロナ社会」に向け、ご自愛くださいますよう祈念申し上げて、本書の結びとさせていただきます。誠にありがとうございました。

「Remember Us!」(我々を忘れるな!) From SARS-CoV-2

2020年8月吉日　　　　　　　　　　　　　　　　　　　　　公認会計士　薩摩嘉則

(※1)「熱い通路・門」に由来する地名。最狭地は幅15mしかなかったとされています。孫子「九地篇一」には「孫子曰く、地形とは兵の助けなり。故に用兵の法には、散地有り、軽地有り、争地有り、交地有り、衢地有り、重地有り、泛地有り、囲地有り、死地有り」とあり、地形には戦術上9つの種類があるとされています。そして、このうち「囲地」に関しては「由りて入る所の者は隘く、従ひて帰る所の者は迂にして、彼れ寡にして以て吾が衆を撃つ可きを、囲地と為す。<略>是の故に<略>囲地には則ち謀り<略>」とあります。意訳すれば「入口が狭く出口の広い峡谷のような地形」を指しており、「寡兵を以って謀(はかりごと)により大軍と対するに適した地形」というわけです。まさに「テルモピュライ」はその適地といえるでしょう。

(※2)レオニダス大王(生没:?-紀元前480年)は史上もっとも著名なスパルタ王です。レオニダス大王たちの英雄的な死によって得られた貴重な時間は、その後のギリシア諸都市国家連合軍の形成へと充てられることになりました。

(※3)第3次ペルシア戦役中の紀元前480年9月、ギリシアのサラミス島近海において海軍国家アテナイのテミストクレス指導下にあったギリシア諸都市国家連合艦隊が、ペルシア帝国艦隊に勝利した海戦。この勝利により、第3次ペルシア戦役はギリシア諸都市国家の優位のうちに幕を閉じました。

凡例

Ⅰ　法律等

1．新型インフル特措法：新型インフルエンザ等対策特別措置法（平成24年法律第31号）

2．改正特措法：新型インフルエンザ等対策特別措置法の一部を改正する法律（令和2年法律第4号）

3．感染症法：感染症の予防及び感染症の患者に対する医療に関する法律（平成10年法律第114号）

4．行手法：行政手続法（平成5年法律第88号）

5．災害基法：災害対策基本法（昭和36年法律第223号）

6．自治法：地方自治法（昭和22年法律第67号）

7．財政法：財政法（昭和22年法律第34号）

8．予防接種法：予防接種法（昭和23年法律第68号）

9．検疫法：検疫法（昭和26年法律第201号）

10．出入国管理法：出入国管理及び難民認定法（昭和26年政令第319号）

11．日銀法：日本銀行法（平成9年法律第89号）

12．準備預金法：準備預金制度に関する法律（昭和32年法律第135号）

13．風営法：風俗営業等の規制及び業務の適正化等に関する法律（昭和23年法律第122号）

14．法人税法：法人税法（昭和40年法律第34号）

15．所得税法：所得税法（昭和40年法律第33号）

16．金商法：金融商品取引法（昭和23年法律第25号）

17．民法：民法（明治29年法律第89号）

18．商法：商法（明治32年法律第48号）

19．有責法：有限責任事業組合契約に関する法律（平成17年法律第40号）

20．投有法：投資事業有限責任組合契約に関する法律（平成10年法律第90号）

21．会社法：会社法（平成17年法律第86号）

22．証取法：証券取引法（昭和23年法律第25号：現在の金商法）

23．新型インフル特措令：新型インフルエンザ等対策特別措置法施行令（平成25年政令第122号）

Ⅱ　官庁等名

1．厚労省：厚生労働省

2．経産省：経済産業省

3．日銀：日本銀行

4．専門家会議：新型コロナウイルス感染症対策専門家会議

5．東証：東京証券取引所

6．ロンドン証取：ロンドン証券取引所

7．WHO：World Health Organization（世界保健機関）

【参考1】

地域別の新型コロナウイルス感染症対策（イメージ）

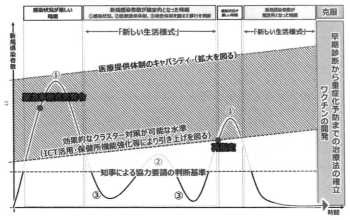

【参考2】

「新しい生活様式」の実践例

（1）一人ひとりの基本的感染対策

感染防止の3つの基本：①身体的距離の確保、②マスクの着用、③手洗い

□人との間隔は、できるだけ2m（最低1m）空ける。
□会話をする際は、可能な限り真正面を避ける。
□外出時や屋内でも会話をするとき、人との間隔が十分とれない場合は、症状がなくてもマスクを
　着用する。ただし、夏場は、熱中症に十分注意する。
□家に帰ったらまず手や顔を洗う。
　人混みの多い場所に行った後は、できるだけすぐに着替える、シャワーを浴びる。
□手洗いは30秒程度かけて水と石けんで丁寧に洗う（手指消毒薬の使用も可）。

※　高齢者や持病のあるような重症化リスクの高い人と会う際には、体調管理をより厳重にする。

移動に関する感染対策

□感染が流行している地域からの移動、感染が流行している地域への移動は控える。
□発症したときのため、誰とどこで会ったかをメモにする。接触確認アプリの活用も。
□地域の感染状況に注意する。

（2）日常生活を営む上での基本的生活様式

□まめに手洗い・手指消毒　□咳エチケットの徹底
□こまめに換気（エアコン併用で室温を28℃以下に）　□身体的距離の確保
□「3密」の回避（密集、密接、密閉）
□一人ひとりの健康状態に応じた運動や食事、禁煙等、適切な生活習慣の理解・実行
□毎朝の体温測定、健康チェック。発熱又は風邪の症状がある場合はムリせず自宅で療養

密集回避　密接回避　密閉回避　換気　咳エチケット　手洗い

（3）日常生活の各場面別の生活様式

買い物
□通販も利用
□1人または少人数ですいた時間に
□電子決済の利用
□計画をたてて素早く済ます
□サンプルなど展示品への接触は控えめに
□レジに並ぶときは、前後にスペース

娯楽、スポーツ等
□公園はすいた時間、場所を選ぶ
□筋トレやヨガは、十分に人との間隔を
　もしくは自宅で動画を活用
□ジョギングは少人数で
□すれ違うときは距離をとるマナー
□予約制を利用してゆったりと
□狭い部屋での長居は無用
□歌や応援は、十分な距離かオンライン

公共交通機関の利用
□会話は控えめに
□混んでいる時間帯は避けて
□徒歩や自転車利用も併用する

食事
□持ち帰りや出前、デリバリーも
□屋外空間で気持ちよく
□大皿は避けて、料理は個々に
□対面ではなく横並びで座ろう
□料理に集中、おしゃべりは控えめに
□お酌、グラスやお猪口の回し飲みは避けて

イベント等への参加
□接触確認アプリの活用を
□発熱や風邪の症状がある場合は参加しない

（4）働き方の新しいスタイル

□テレワークやローテーション勤務　□時差通勤でゆったりと　□オフィスはひろびろと
□会議はオンライン　□対面での打合せは換気とマスク

※　業種ごとの感染拡大予防ガイドラインは、関係団体が別途作成

【参考3】 改正特措法（抄）
新型インフルエンザ等対策特別措置法の一部を改正する法律
「附則第1条の2第1項及び第2項の規定」に基づく読み替え版（抄）

第二章 新型コロナウイルス感染症対策の実施に関する計画等

　従前定められていた新型インフルエンザ感染症に関する政府行動計画が新型コロナウイルス感染症（病原体がベータコロナウイルス属のコロナウイルス（令和二年一月に、中華人民共和国から世界保健機関に対して、人に伝染する能力を有することが新たに報告されたものに限る。）に関する計画とみなされることとなった。

（政府行動計画の作成及び公表等）

第六条 政府は、新型コロナウイルス感染症の発生に備えて、新型コロナウイルス感染症対策の実施に関する計画（以下「政府行動計画」という。）を定めるものとする。

2 政府行動計画においては、次に掲げる事項を定めるものとする。

　一 新型コロナウイルス感染症対策の実施に関する基本的な方針

　二 国が実施する次に掲げる措置に関する事項

　イ 新型コロナウイルス感染症及び感染症法第六条第七項に規定する新型コロナウイルス感染症に変異するおそれが高い動物のコロナウイルスの外国及び国内における発生の状況、動向及び原因の情報収集

　ロ 新型コロナウイルス感染症に関する情報の地方公共団体、指定公共機関、事業者及び国民への適切な方法による提供

　ハ 新型コロナウイルス感染症が国内において初めて発生した場合における第十六条第八項に規定する政府現地対策本部による新型コロナウイルス感染症対策の総合的な推進

　ニ 検疫、第二十八条第三項に規定する特定接種の実施その他の新型コロナウイルス感染症のまん延の防止に関する措置

　ホ 医療の提供体制の確保のための総合調整

　ヘ 生活関連物資の価格の安定のための措置その他の国民生活及び国民　経済の安定に関する措置

　三 第二十八条第一項第一号の規定による厚生労働大臣の登録の基準に関する事項

　四 都道府県及び指定公共機関がそれぞれ次条第一項に規定する都道府県行動計画及び第九条第一項に規定する業務計画を作成する際の基準となるべき事項

　五 新型コロナウイルス感染症対策を実施するための体制に関する事項

　六 新型コロナウイルス感染症対策の実施に当たっての地方公共団体相互の広域的な連携協力その他の関係機関相互の連携協力の確保に関する事項

七 前各号に掲げるもののほか、新型コロナウイルス感染症対策の実施に関し必要な事項

3 政府行動計画は、新型コロナウイルス感染症が発生する前の段階、新型コロナウイルス感染症が外国において発生した段階及び新型コロナウイルス感染症が国内において発生した段階に区分して定めるものとする。

4 内閣総理大臣は、政府行動計画の案を作成し、閣議の決定を求めなければならない。

5 内閣総理大臣は、前項の規定により政府行動計画の案を作成しようとするときは、あらかじめ、感染症に関する専門的な知識を有する者その他の学識経験者の意見を聴かなければならない。

6 内閣総理大臣は、第四項の閣議の決定があったときは、遅滞なく、政府行動計画を国会に報告するとともに、その旨を公示しなければならない。

7 政府は、政府行動計画を定めるため必要があると認めるときは、地方公共団体の長その他の執行機関（以下「地方公共団体の長等」という。）、指定公共機関その他の関係者に対し、資料又は情報の提供、意見の陳述その他必要な協力を求めることができる。

8 第三項から前項までの規定は政府行動計画の変更について準用する。

（都道府県行動計画）

第七条 都道府県知事は、政府行動計画に基づき、当該都道府県の区域に係る新型コロナウイルス感染症対策の実施に関する計画（以下「都道府県行動計画」という。）を作成するものとする。

2 都道府県行動計画においては、おおむね次に掲げる事項を定めるものとする。

一 当該都道府県の区域に係る新型コロナウイルス感染症対策の総合的な推進に関する事項

二 都道府県が実施する次に掲げる措置に関する事項

イ 新型コロナウイルス感染症の都道府県内における発生の状況、動向及び原因の情報収集並びに調査

ロ 新型コロナウイルス感染症に関する情報の市町村、指定地方公共機関、医療機関、事業者及び住民への適切な方法による提供

ハ 感染を防止するための協力の要請その他の新型コロナウイルス感染症のまん延の防止に関する措置

ニ 医療従事者の確保その他の医療の提供体制の確保に関する措置

ホ 物資の売渡しの要請その他の住民の生活及び地域経済の安定に関する措置

三 市町村及び指定地方公共機関がそれぞれ次条第一項に規定する市町村行動計画及び第九条第一項に規定する業務計画を作成する際の基準となるべき事項

四 新型コロナウイルス感染症対策を実施するための体制に関する事項

五 新型コロナウイルス感染症対策の実施に関する他の地方公共団体その他の関係機関との連携に関する事項

六 前各号に掲げるもののほか、当該都道府県の区域に係る新型コロナウイルス感染症対策に関し都道府

県知事が必要と認める事項

3　都道府県知事は、都道府県行動計画を作成する場合において、他の地方公共団体と関係がある事項を定めるときは、当該他の地方公共団体の長の意見を聴かなければならない。

4　都道府県知事は、都道府県行動計画を作成したときは、内閣総理大臣に報告しなければならない。

5　内閣総理大臣は、前項の規定により報告を受けた都道府県行動計画について、必要があると認めるときは、当該都道府県知事に対し、必要な助言又は勧告をすることができる。

6　都道府県知事は、都道府県行動計画を作成したときは、速やかに、これを議会に報告し、並びに当該都道府県の区域内の市町村の長及び関係指定地方公共機関に通知するとともに、公表しなければならない。

7　都道府県知事は、都道府県行動計画を作成するため必要があると認めるときは、指定行政機関の長（当該指定行政機関が合議制の機関である場合にあっては、当該指定行政機関。以下同じ。）、指定地方行政機関の長、地方公共団体の長等、指定公共機関、指定地方公共機関その他の関係者に対し、資料又は情報の提供、意見の陳述その他必要な協力を求めることができる。

8　前条第五項の規定は、都道府県行動計画の作成について準用する。

9　第三項から前項までの規定は、都道府県行動計画の変更について準用する。

（市町村行動計画）

第八条　市町村長は、都道府県行動計画に基づき、当該市町村の区域に係る新型コロナウイルス感染症対策の実施に関する計画（以下「市町村行動計画」という。）を作成するものとする。

2　市町村行動計画においては、おおむね次に掲げる事項を定めるものとする。

　　一　当該市町村の区域に係る新型コロナウイルス感染症対策の総合的な推進に関する事項

　　二　市町村が実施する次に掲げる措置に関する事項

　　イ　新型コロナウイルス感染症に関する情報の事業者及び住民への適切な方法による提供

　　ロ　住民に対する予防接種の実施その他の新型コロナウイルス感染症のまん延の防止に関する措置

　　ハ　生活環境の保全その他の住民の生活及び地域経済の安定に関する措置

　　三　新型コロナウイルス感染症対策を実施するための体制に関する事項

　　四　新型コロナウイルス感染症対策の実施に関する他の地方公共団体その他の関係機関との連携に関する事項

　　五　前各号に掲げるもののほか、当該市町村の区域に係る新型コロナウイルス感染症対策に関し市町村長が必要と認める事項

3　市町村長は、市町村行動計画を作成する場合において、他の地方公共団体と関係がある事項を定めるときは、当該他の地方公共団体の長の意見を聴かなければならない。

4　市町村長は、市町村行動計画を作成したときは、都道府県知事に報告しなければならない。

5 都道府県知事は、前項の規定により報告を受けた市町村行動計画について、必要があると認めるときは、当該市町村長に対し、必要な助言又は勧告をすることができる。

6 市町村長は、市町村行動計画を作成したときは、速やかに、これを議会に報告するとともに、公表しなければならない。

7 第六条第五項及び前条第七項の規定は、市町村行動計画の作成について準用する。

8 第三項から前項までの規定は、市町村行動計画の変更について準用する。

（指定公共機関及び指定地方公共機関の業務計画）

第九条 指定公共機関又は指定地方公共機関は、それぞれ政府行動計画又は都道府県行動計画に基づき、その業務に関し、新型コロナウイルス感染症対策に関する業務計画（以下「業務計画」という。）を作成するものとする。

2 業務計画においては、次に掲げる事項を定めるものとする。

　　一 当該指定公共機関又は指定地方公共機関が実施する新型コロナウイルス感染症対策の内容及び実施方法に関する事項

　　二 新型コロナウイルス感染症対策を実施するための体制に関する事項

　　三 新型コロナウイルス感染症対策の実施に関する関係機関との連携に関する事項

　　四 前三号に掲げるもののほか、新型コロナウイルス感染症対策の実施に関し必要な事項

3 指定公共機関及び指定地方公共機関は、それぞれその業務計画を作成したときは、速やかに、指定公共機関にあっては当該指定公共機関を所管する指定行政機関の長を経由して内閣総理大臣に、指定地方公共機関にあっては当該指定地方公共機関を指定した都道府県知事に報告しなければならない。この場合において、内閣総理大臣又は都道府県知事は、当該指定公共機関又は指定地方公共機関に対し、必要な助言をすることができる。

4 指定公共機関及び指定地方公共機関は、それぞれその業務計画を作成したときは、速やかに、これを関係都道府県知事及び関係市町村長に通知するとともに、その要旨を公表しなければならない。

5 第七条第七項の規定は、業務計画の作成について準用する。

6 前三項の規定は、業務計画の変更について準用する。

（物資及び資材の備蓄等）

第十条 指定行政機関の長及び指定地方行政機関の長、地方公共団体の長等並びに指定公共機関及び指定地方公共機関（第十二条及び第五十一条において「指定行政機関の長等」という。）は、政府行動計画、都道府県行動計画、市町村行動計画又は業務計画で定めるところにより、その所掌事務又は業務に係る新型コロナウイルス感染症対策の実施に必要な医薬品その他の物資及び資材を備蓄し、整備し、若しくは点検

し、又は新型コロナウイルス感染症対策の実施に必要なその管理に属する施設及び設備を整備し、若しくは点検しなければならない。

（災害対策基本法の規定による備蓄との関係）

第十一条 前条の規定による物資及び資材の備蓄と、災害対策基本法（昭和三十六年法律第二百二十三号）第四十九条の規定による物資及び資材の備蓄とは、相互に兼ねることができる。

（訓練）

第十二条 指定行政機関の長等は、政府行動計画、都道府県行動計画、市町村行動計画又は業務計画で定めるところにより、それぞれ又は他の指定行政機関の長等と共同して、新型コロナウイルス感染症対策についての訓練を行うよう努めなければならない。この場合においては、災害対策基本法第四十八条第一項の防災訓練との有機的な連携が図られるよう配慮するものとする。

2　都道府県公安委員会は、前項の訓練の効果的な実施を図るため特に必要があると認めるときは、政令で定めるところにより、当該訓練の実施に必要な限度で、区域又は道路の区間を指定して、歩行者又は車両の道路における通行を禁止し、又は制限することができる。

3　指定行政機関の長等は、第一項の訓練を行おうとするときは、住民その他関係のある公私の団体に協力を要請することができる。

（知識の普及等）

第十三条 国及び地方公共団体は、新型コロナウイルス感染症の予防及びまん延の防止に関する知識を普及するとともに、新型コロナウイルス感染症対策の重要性について国民の理解と関心を深めるため、国民に対する啓発に努めなければならない。

第三章 新型コロナウイルス感染症の発生時における措置

（新型コロナウイルス感染症の発生等に関する報告）

第十四条 厚生労働大臣は、感染症法第四十四条の二第一項又は第四十四条の六第一項の規定により新型コロナウイルス感染症のまん延のおそれが高いと認めるときは、内閣総理大臣に対し、当該新型コロナウイルス感染症の発生の状況、当該新型コロナウイルス感染症にかかった場合の病状の程度その他の必要な情報の報告をしなければならない。

（政府対策本部の設置）

第十五条 内閣総理大臣は、前条の報告があったときは、当該報告に係る新型コロナウイルス感染症にかかっ

た場合の病状の程度が、感染症法第六条第六項第一号に掲げるインフルエンザにかかった場合の病状の程度に比しておおむね同程度以下であると認められる場合を除き、内閣法（昭和二十二年法律第五号）第十二条第四項の規定にかかわらず、閣議にかけて、臨時に内閣に新型コロナウイルス感染症対策本部（以下「政府対策本部」という。）を設置するものとする。

2　内閣総理大臣は、政府対策本部を置いたときは、当該政府対策本部の名称並びに設置の場所及び期間を国会に報告するとともに、これを公示しなければならない。

（政府対策本部の組織）

第十六条　政府対策本部の長は、新型コロナウイルス感染症対策本部長（以下「政府対策本部長」という。）とし、内閣総理大臣（内閣総理大臣に事故があるときは、そのあらかじめ指名する国務大臣）をもって充てる。

2　政府対策本部長は、政府対策本部の事務を総括し、所部の職員を指揮監督する。

3　政府対策本部に、新型コロナウイルス感染症対策副本部長（以下この条及び第二十条第三項において「政府対策副本部長」という。）、新型コロナウイルス感染症対策本部員（以下この条において「政府対策本部員」という。）その他の職員を置く。

4　政府対策副本部長は、国務大臣をもって充てる。

5　政府対策副本部長は、政府対策本部長を助け、政府対策本部長に事故があるときは、その職務を代理する。政府対策副本部長が二人以上置かれている場合にあっては、あらかじめ政府対策本部長が定めた順序で、その職務を代理する。

6　政府対策本部員は、政府対策本部長及び政府対策副本部長以外の全ての国務大臣をもって充てる。この場合において、国務大臣が不在のときは、そのあらかじめ指名する副大臣（内閣官房副長官を含む。）がその職務を代行することができる。

7　政府対策副本部長及び政府対策本部員以外の政府対策本部の職員は、内閣官房の職員、指定行政機関の長（国務大臣を除く）その他の職員又は関係する指定地方行政機関の長その他の職員の内から、内閣総理大臣が任命する。

8　新型コロナウイルス感染症が国内において発生した場合には、政府対策本部に、政府対策本部長の定めるところにより政府対策本部の事務の一部を行う組織として、新型コロナウイルス感染症現地対策本部（以下この条において「政府現地対策本部」という。）を置くことができる。この場合においては、地方自治法（昭和二十二年法律第六十七号）第百五十六条第四項の規定は、適用しない。

9　政府対策本部長は、前項の規定により政府現地対策本部を置いたときは当該政府現地対策本部の名称並びに設置の場所及び期間を、当該政府現地対策本部を廃止したときはその旨を、国会に報告するとともに、これを公示しなければならない。

10　政府現地対策本部に、新型コロナウイルス感染症現地対策本部長（次項及び第十二項において「政府

現地対策本部長」という。）及び新型コロナウイルス感染症現地対策本部員（同項において「政府現地対策本部員」という。）その他の職員を置く。

11　政府現地対策本部長は、政府対策本部長の命を受け、政府現地対策本部の事務を掌理する。

12　政府現地対策本部長及び政府現地対策本部員その他の職員は、政府対策副本部長、政府対策本部員その他の職員のうちから、政府対策本部長が指名する者をもって充てる。

（政府対策本部の所掌事務）

第十七条　政府対策本部は、次に掲げる事務をつかさどる。

　　一　指定行政機関、地方公共団体及び指定公共機関が次条第一項に規定する基本的対処方針に基づき実施する新型コロナウイルス感染症対策の総合的な推進に関すること。

　　二　第二十条第一項及び第三十三条第一項の規定により政府対策本部長の権限に属する事務

　　三　前二号に掲げるもののほか、法令の規定によりその権限に属する事務

（基本的対処方針）

第十八条　政府対策本部は、政府行動計画に基づき、新型コロナウイルス感染症への基本的な対処の方針（以下「基本的対処方針」という。）を定めるものとする。

2　基本的対処方針においては、次に掲げる事項を定めるものとする。

　　一　新型コロナウイルス感染症の発生の状況に関する事実

　　二　当該新型コロナウイルス感染症への対処に関する全般的な方針

　　三　新型コロナウイルス感染症対策の実施に関する重要事項

3　政府対策本部長は、基本的対処方針を定めたときは、直ちに、これを公示してその周知を図らなければならない。

4　政府対策本部長は、基本的対処方針を定めようとするときは、あらかじめ、感染症に関する専門的な知識を有する者その他の学識経験者の意見を聴かなければならない。ただし、緊急を要する場合で、あらかじめ、その意見を聴くいとまがないときは、この限りでない。

5　前二項の規定は、基本的対処方針の変更について準用する。

（指定行政機関の長の権限の委任）

第十九条　指定行政機関の長は、政府対策本部が設置されたときは、新型コロナウイルス感染症対策の実施のため必要な権限の全部又は一部を当該政府対策本部の職員である当該指定行政機関の職員又は当該指定地方行政機関の長若しくはその職員に委任することができる。

2　指定行政機関の長は、前項の規定による委任をしたときは、直ちに、その旨を公示しなければならない。

（政府対策本部長の権限）

第二十条　政府対策本部長は、新型コロナウイルス感染症対策を的確かつ迅速に実施するため必要があると認めるときは、基本的対処方針に基づき、指定行政機関の長及び指定地方行政機関の長並びに前条の規定により権限を委任された当該指定行政機関の職員及び当該指定地方行政機関の職員、都道府県の知事その他の執行機関（以下「都道府県知事等」という。）並びに指定公共機関に対し、指定行政機関、都道府県及び指定公共機関が実施する新型コロナウイルス感染症対策に関する総合調整を行うことができる。

2　前項の場合において、当該都道府県知事等及び指定公共機関は、当該都道府県又は指定公共機関が実施する新型コロナウイルス感染症対策に関して政府対策本部長が行う総合調整に関し、政府対策本部長に対して意見を申し出ることができる。

3　政府対策本部長は、第一項の規定による権限の全部又は一部を政府対策副本部長に委任することができる。

4　政府対策本部長は、前項の規定による委任をしたときは、直ちに、その旨を公示しなければならない。

（政府対策本部の廃止）

第二十一条　政府対策本部は、第十五条第一項に規定する新型コロナウイルス感染症にかかった場合の病状の程度が、感染症法第六条第六項第一号に掲げるインフルエンザにかかった場合の病状の程度に比しておおむね同程度以下であることが明らかとなったとき、又は感染症法第四十四条の二第三 項の規定による公表がされ、若しくは感染症法第五十三条第一項の政令が廃止されたときに、廃止されるものとする。

2　内閣総理大臣は、政府対策本部が廃止されたときは、その旨を国会に報告するとともに、これを公示しなければならない。

（都道府県対策本部の設置及び所掌事務）

第二十二条　第十五条第一項の規定により政府対策本部が設置されたときは、都道府県知事は、都道府県行動計画で定めるところにより、直ちに、都道府県対策本部を設置しなければならない。

2　都道府県対策本部は、当該都道府県及び当該都道府県の区域内の市町村並びに指定公共機関及び指定地方公共機関が実施する当該都道府県の区域に係る新型コロナウイルス感染症対策の総合的な推進に関する事務をつかさどる。

（都道府県対策本部の組織）

第二十三条　都道府県対策本部の長は、都道府県対策本部長とし、都道府県知事をもって充てる。

2　都道府県対策本部に本部員を置き、次に掲げる者（道府県知事が設置するものにあっては、第四号に掲げる者を除く。）をもって充てる。

　一　副知事

　　二　都道府県教育委員会の教育長

　　三　警視総監又は道府県警察本部長

　　四　特別区の消防長

　　五　前各号に掲げる者のほか、都道府県知事が当該都道府県の職員のうちから任命する者

3　都道府県対策本部に副本部長を置き、前項の本部員のうちから、都道府県知事が指名する。

4　都道府県対策本部長は、必要があると認めるときは、国の職員その他当該都道府県の職員以外の者を都道府県対策本部の会議に出席させることができる。

（都道府県対策本部長の権限）

第二十四条　都道府県対策本部長は、当該都道府県の区域に係る新型コロナウイルス感染症対策を的確かつ迅速に実施するため必要があると認めるときは、当該都道府県及び関係市町村並びに関係指定公共機関及び指定地方公共機関が実施する当該都道府県の区域に係る新型コロナウイルス感染症対策に関する総合調整を行うことができる。

2　前項の場合において、関係市町村の長その他の執行機関（第三十三条第二項において「関係市町村長等」という。）又は関係指定公共機関若しくは指定地方公共機関は、当該関係市町村又は関係指定公共機関若しくは指定地方公共機関が実施する当該都道府県の区域に係る新型コロナウイルス感染症対策に関して都道府県対策本部長が行う総合調整に関し、当該都道府県対策本部長に対して意見を申し出ることができる。

3　都道府県対策本部長は、当該都道府県の区域に係る新型コロナウイルス感染症対策の実施に関し、指定行政機関又は指定公共機関と緊密な連絡を図る必要があると認めるときは、当該連絡を要する事項を所管する指定地方行政機関の長（当該指定地方行政機関がないときは、当該指定行政機関の長）又は当該指定公共機関に対し、その指名する職員を派遣するよう求めることができる。

4　都道府県対策本部長は、特に必要があると認めるときは、政府対策本部長に対し、指定行政機関及び指定公共機関が実施する新型コロナウイルス感染症対策に関する総合調整を行うよう要請することができる。この場合において、政府対策本部長は、必要があると認めるときは、所要の総合調整を行わなければならない。

5　都道府県対策本部長は、第一項の総合調整を行うため必要があると認めるときは、政府対策本部長に対し、当該都道府県の区域に係る新型コロナウイルス感染症対策の実施に関し必要な情報の提供を求めることができる。

6　都道府県対策本部長は、第一項の総合調整を行うため必要があると認めるときは、当該総合調整の関係機関に対し、それぞれ当該都道府県の区域に係る新型コロナウイルス感染症対策の実施の状況について報告又は資料の提出を求めることができる。

7 都道府県対策本部長は、当該都道府県警察及び当該都道府県の教育委員会に対し、当該都道府県の区域に係る新型コロナウイルス感染症対策を実施するため必要な限度において、必要な措置を講ずるよう求めることができる。

8 都道府県対策本部長は、当該都道府県の区域に係る新型コロナウイルス感染症対策を的確かつ迅速に実施するため必要があると認めるときは、指定行政機関の長又は指定地方行政機関の長に対し、これらの所掌事務に係る新型コロナウイルス感染症対策の実施に関し必要な要請をすることができる。

9 都道府県対策本部長は、当該都道府県の区域に係る新型コロナウイルス感染症対策を的確かつ迅速に実施するため必要があると認めるときは、公私の団体又は個人に対し、その区域に係る新型コロナウイルス感染症対策の実施に関し必要な協力の要請をすることができる。

（都道府県対策本部の廃止）

第二十五条 第二十一条第一項の規定により政府対策本部が廃止されたときは、都道府県知事は、遅滞なく、都道府県対策本部を廃止するものとする。

（条例への委任）

第二十六条 第二十二条から前条まで及び第三十三条第二項に規定するもののほか、都道府県対策本部に関し必要な事項は、都道府県の条例で定める。

（指定公共機関及び指定地方公共機関の応援の要求）

第二十七条 指定公共機関又は指定地方公共機関は、その業務に係る新型コロナウイルス感染症対策を実施するため特に必要があると認めるときは、指定行政機関の長若しくは指定地方行政機関の長又は地方公共団体の長に対し、労務、施設、設備又は物資の確保について応援を求めることができる。この場合において、応援を求められた指定行政機関の長及び指定地方行政機関の長並びに地方公共団体の長は、正当な理由がない限り、応援を拒んではならない。

（特定接種）

第二十八条 政府対策本部長は、医療の提供並びに国民生活及び国民経済の安定を確保するため緊急の必要があると認めるときは、厚生労働大臣に対し、次に掲げる措置を講ずるよう指示することができる。

一 医療の提供の業務又は国民生活及び国民経済の安定に寄与する業務を行う事業者であって厚生労働大臣の定めるところにより厚生労働大臣の登録を受けているもの（第三項及び第四項において「登録事業者」という。）のこれらの業務に従事する者（厚生労働大臣の定める基準に該当する者に限る。）並びに新型コロナウイルス感染症対策の実施に携わる国家公務員に対し、臨時に予防接種を行うこと。

二　新型コロナウイルス感染症対策の実施に携わる地方公務員に対し、臨時に予防接種を行うよう、当該地方公務員の所属する都道府県又は市町村の長に指示すること。

2　前項の規定による指示をする場合には、政府対策本部長は、予防接種の期間を指定するものとする。

3　厚生労働大臣は、第一項の規定による指示に基づき行う予防接種（以下この条及び第三十一条において「特定接種」という。）及び同項第一号の登録の実施に関し必要があると認めるときは、官公署に対し、必要な書類の閲覧若しくは資料の提供を求め、又は登録事業者その他の関係者に対し、必要な事項の報告を求めることができる。

4　厚生労働大臣は、特定接種及び第一項第一号の登録の円滑な実施のため必要があると認めるときは、登録事業者、都道府県知事、市町村長及び各省各庁の長（財政法（昭和二十二年法律第三十四号）第二十条第二項に規定する各省各庁の長をいう。）に対して、労務又は施設の確保その他の必要な協力を求めることができる。この場合において、協力を求められた登録事業者、都道府県知事及び市町村長は、正当な理由がない限り、協力を拒んではならない。

5　厚生労働大臣が行う特定接種は、予防接種法（昭和二十三年法律第六十八号）第六条第一項の規定による予防接種とみなして、同法（第十二条第二項、第二十六条及び第二十七条を除く。）の規定を適用する。この場合において、同法第七条及び第八条中「市町村長又は都道府県知事」とあり、並びに同法第十五条第一項、第十八条及び第十九条第一項中「市町村長」とあるのは「厚生労働大臣」と、同法第十五条第一項中「当該市町村の区域内に居住する間に定期の予防接種等」とあるのは「その行う臨時の予防接種」と、「当該定期の予防接種等」とあるのは「当該予防接種」と、同法第二十五条第一項中「市町村（第六条第一項の規定による予防接種については、都道府県又は市町村）」とあり、及び同条第二項中「市町村」とあるのは「国」とする。

6　都道府県知事が行う特定接種は、予防接種法第六条第一項の規定による予防接種とみなして、同法（第二十六条及び第二十七条を除く。）の規定を適用する。この場合において、同法第十五条第一項、第十八条及び第十九条第一項中「市町村長」とあるのは「都道府県知事」と、同法第十五条第一項中「当該市町村の区域内に居住する間に定期の予防接種等」とあるのは「その行う臨時の予防接種」と、「当該定期の予防接種等」とあるのは「当該予防接種」と、同法第二十五条第一項中「市町村（第六条第一項の規定による予防接種については、都道府県又は市町村）」とあり、及び同条第二項中「市町村」とあるのは「都道府県」とする。

7　市町村長が行う特定接種は、予防接種法第六条第一項の規定による予防接種とみなして、同法（第二十六条及び第二十七条を除く。）の規定を適用する。この場合において、同法第十五条第一項中「当該市町村の区域内に居住する間に定期の予防接種等」とあるのは「その行う臨時の予防接種」と、「当該定期の予防接種等」とあるのは「当該予防接種」と、同法第二十五条第一項中「市町村（第六条第一項の規定による予防接種については、都道府県又は市町村）」とあるのは「市町村」とする。

（停留を行うための施設の使用）

第二十九条 厚生労働大臣は、外国において新型コロナウイルス感染症が発生した場合には、発生国（新型コロナウイルス感染症の発生した外国をいう。以下この項において同じ。）における新型コロナウイルス感染症の発生及びまん延の状況並びに我が国における検疫所の設備の状況、検疫法（昭和二十六年法律第二百一号）第十四条第一項第二号に掲げる措置（第五項及び次条第一項において「停留」という。）をされるべき者の増加その他の事情を勘案し、検疫を適切に行うため必要があると認めるときは、検疫港（同法第三条に規定する検疫港をいう。第四項において同じ。）及び検疫飛行場（同法第三条に規定する検疫飛行場をいう。第四項において同じ。）のうち、発生国を発航し、又は発生国に寄航して来航しようとする船舶又は航空機（当該船舶又は航空機の内部に発生国内の地点から乗り込んだ者がいるものに限る。第四項及び次条第二項において「特定船舶等」という。）に係る検疫を行うべきもの（以下この条において「特定検疫港等」という。）を定めることができる。

2 厚生労働大臣は、特定検疫港等を定めようとするときは、国土交通大臣に協議するものとする。

3 厚生労働大臣は、特定検疫港等を定めたときは、遅滞なく、これを告示するものとする。

4 検疫所長は、特定検疫港等以外の検疫港又は検疫飛行場に、特定船舶等が来航したときは、特定検疫港等に回航すべき旨を指示するものとする。

5 特定検疫港等において検疫を行う検疫所長（第七十一条第一項において「特定検疫所長」という。）は、特定検疫港等において検疫をされるべき者が増加し、停留を行うための施設の不足により停留を行うことが困難であると認められる場合において、検疫を適切に行うため必要があると認めるときであって、病院若しくは診療所若しくは宿泊施設（特定検疫港等の周辺の区域であって、特定検疫港等からの距離その他の事情を勘案して厚生労働大臣が指定する区域内に存するものに限る。以下この項において「特定病院等」という。）の管理者が正当な理由がないのに検疫法第十六条第二項（同法第三十四条において準用する場合を含む。以下この項において同じ。）若しくは第三十四条の四第一項の規定による委託を受けず、若しくは同法第十六条第二項の同意をしないとき、又は当該特定病院等の管理者の所在が不明であるため同項若しくは同法第三十四条の四第一項の規定による委託をできず、若しくは同法第十六条第二項の同意を求めることができないときは、同項又は同法第三十四条の四第一項の規定にかかわらず、同法第十六条第二項若しくは第三十四条の四第一項の規定による委託をせず、又は同法第十六条第二項の同意を得ないで、当該特定病院等を使用することができる。

6 第二項及び第三項の規定は、特定検疫港等の変更について準用する。

（運航の制限の要請等）

第三十条 厚生労働大臣は、前条の規定による措置を講じても停留を行うことが著しく困難であると認められ、新型コロナウイルス感染症の病原体が船舶又は航空機を介して国内に侵入することを防止できないおそれがあ

るときは、政府対策本部長に対し、その旨を報告しなければならない。

2　政府対策本部長は、前項の規定による報告を踏まえ、新型コロナウイルス感染症の国内における発生を防止し、国民の生命及び健康に対する著しく重大な被害の発生並びに国民生活及び国民経済の混乱を回避するため緊急の必要があると認めるときは、国際的な連携を確保しつつ、特定船舶等の運航を行う事業者に対し、当該特定船舶等の来航を制限するよう要請することができる。

3　政府対策本部長は、前項の規定による要請をしたときは、遅滞なく、その旨を公表しなければならない。

（医療等の実施の要請等）

第三十一条　都道府県知事は、新型コロナウイルス感染症の患者又は新型コロナウイルス感染症にかかっていると疑うに足りる正当な理由のある者（以下「患者等」という。）に対する医療の提供を行うため必要があると認めるときは、医師、看護師その他の政令で定める医療関係者（以下「医療関係者」という。）に対し、その場所及び期間その他の必要な事項を示して、当該患者等に対する医療を行うよう要請することができる。

2　厚生労働大臣及び都道府県知事は、特定接種を行うため必要があると認めるときは、医療関係者に対し、その場所及び期間その他の必要な事項を示して、当該特定接種の実施に関し必要な協力の要請をすることができる。

3　医療関係者が正当な理由がないのに前二項の規定による要請に応じないときは、厚生労働大臣及び都道府県知事は、患者等に対する医療又は特定接種（以下この条及び第六十二条第二項において「患者等に対する医療等」という。）を行うため特に必要があると認めるときに限り、当該医療関係者に対し、患者等に対する医療等を行うべきことを指示することができる。この場合においては、前二項の事項を書面で示さなければならない。

4　厚生労働大臣及び都道府県知事は、前三項の規定により医療関係者に患者等に対する医療等を行うことを要請し、又は患者等に対する医療等を行うべきことを指示するときは、当該医療関係者の生命及び健康の確保に関し十分に配慮し、危険が及ばないよう必要な措置を講じなければならない。

5　市町村長は、特定接種を行うため必要があると認めるときは、都道府県知事に対し、第二項又は第三項の規定による要請又は指示を行うよう求めることができる。

第四章 新型コロナウイルス感染症緊急事態措置
第一節 通則
（新型コロナウイルス感染症緊急事態宣言等）
第三十二条　政府対策本部長は、新型コロナウイルス感染症（国民の生命及び健康に著しく重大な被害を与えるおそれがあるものとして政令で定める要件に該当するものに限る。以下この章において同じ。）が国内で発生し、その全国的かつ急速なまん延により国民生活及び国民経済に甚大な影響を及ぼし、又はそのおそれがあ

るものとして政令で定める要件に該当する事態（以下「新型コロナウイルス感染症緊急事態」という。）が発生したと認めるときは、新型コロナウイルス感染症緊急事態が発生した旨及び次に掲げる事項の公示（第五項及び第三十四条第一項において「新型コロナウイルス感染症緊急事態宣言」という。）をし、並びにその旨及び当該事項を国会に報告するものとする。

　　一　新型コロナウイルス感染症緊急事態措置を実施すべき期間
　　二　新型コロナウイルス感染症緊急事態措置（第四十六条の規定による 措置を除く。）を実施すべき区域
　　三　新型コロナウイルス感染症緊急事態の概要

2　前項第一号に掲げる期間は、二年を超えてはならない。

3　政府対策本部長は、新型コロナウイルス感染症のまん延の状況並びに国民生活及び国民経済の状況を勘案して第一項第一号に掲げる期間を延長し、又は同項第二号に掲げる区域を変更することが必要であると認めるときは、当該期間を延長する旨又は当該区域を変更する旨の公示をし、及びこれを国会に報告するものとする。

4　前項の規定により延長する期間は、一年を超えてはならない。

5　政府対策本部長は、新型コロナウイルス感染症緊急事態宣言をした後、新型コロナウイルス感染症緊急事態措置を実施する必要がなくなったと認めるときは、速やかに、新型コロナウイルス感染症緊急事態解除宣言（新型コロナウイルス感染症緊急事態が終了した旨の公示をいう。）をし、及び国会に報告するものとする。

6　政府対策本部長は、第一項又は第三項の公示をしたときは、基本的対処方針を変更し、第十八条第二項第三号に掲げる事項として当該公示の後に必要とされる新型コロナウイルス感染症緊急事態措置の実施に関する重要な事項を定めなければならない。

（政府対策本部長及び都道府県対策本部長の指示）

第三十三条　政府対策本部長は、新型コロナウイルス感染症緊急事態において、第二十条第一項の総合調整に基づく所要の措置が実施されない場合であって、新型コロナウイルス感染症対策を的確かつ迅速に実施するため特に必要があると認めるときは、その必要な限度において、指定行政機関の長及び指定地方行政機関の長並びに第十九条の規定により権限を委任された当該指定行政機関の職員及び当該指定地方行政機関の職員、都道府県知事等並びに指定公共機関に対し、必要な指示をすることができる。この場合においては、第二十条第三項及び第四項の規定を準用する。

2　都道府県対策本部長は、新型コロナウイルス感染症緊急事態において、第二十四条第一項の総合調整に基づく所要の措置が実施されない場合であって、当該都道府県の区域に係る新型コロナウイルス感染症対策を的確かつ迅速に実施するため特に必要があると認めるときは、その必要な限度において、関係市町村長等並びに指定公共機関及び指定地方公共機関に対し、必要な指示をすることができる。

（市町村対策本部の設置及び所掌事務）

第三十四条 新型コロナウイルス感染症緊急事態宣言がされたときは、市町村長は、市町村行動計画で定めるところにより、直ちに、市町村対策本部を設置しなければならない。

2 市町村対策本部は、当該市町村が実施する当該市町村の区域に係る新型コロナウイルス感染症対策の総合的な推進に関する事務をつかさどる。

（市町村対策本部の組織）

第三十五条 市町村対策本部の長は、市町村対策本部長とし、市町村長をもって充てる。

2 市町村対策本部に本部員を置き、次に掲げる者をもって充てる。

　一 副市町村長

　二 市町村教育委員会の教育長

　三 当該市町村の区域を管轄する消防長又はその指名する消防吏員（消防本部を置かない市町村にあっては、消防団長）

　四 前三号に掲げる者のほか、市町村長が当該市町村の職員のうちから任命する者

3 市町村対策本部に副本部長を置き、前項の本部員のうちから、市町村長が指名する。

4 市町村対策本部長は、必要があると認めるときは、国の職員その他当該市町村の職員以外の者を市町村対策本部の会議に出席させることができる。

（市町村対策本部長の権限）

第三十六条 市町村対策本部長は、当該市町村の区域に係る新型コロナウイルス感染症緊急事態措置を的確かつ迅速に実施するため必要があると認めるときは、当該市町村が実施する当該市町村の区域に係る新型コロナウイルス感染症緊急事態措置に関する総合調整を行うことができる。

2 市町村対策本部長は、特に必要があると認めるときは、都道府県対策本部長に対し、都道府県並びに指定公共機関及び指定地方公共機関が実施する新型コロナウイルス感染症緊急事態措置に関する総合調整を行うよう要請することができる。この場合において、都道府県対策本部長は、必要があると認めるときは、所要の総合調整を行わなければならない。

3 市町村対策本部長は、特に必要があると認めるときは、都道府県対策本部長に対し、指定行政機関及び指定公共機関が実施する新型コロナウイルス感染症緊急事態措置に関する第二十四条第四項の規定による要請を行うよう求めることができる。

4 市町村対策本部長は、第一項の総合調整を行うため必要があると認めるときは、都道府県対策本部長に対し、当該市町村の区域に係る新型コロナウイルス感染症緊急事態措置の実施に関し必要な情報の提供を求めることができる。

5 市町村対策本部長は、第一項の総合調整を行うため必要があると認めるときは、当該総合調整の関係機関に対し、当該市町村の区域に係る新型コロナウイルス感染症緊急事態措置の実施の状況について報告又は資料の提出を求めることができる。

6 市町村対策本部長は、当該市町村の教育委員会に対し、当該市町村の区域に係る新型コロナウイルス感染症緊急事態措置を実施するため必要な限度において、必要な措置を講ずるよう求めることができる。

7 市町村対策本部長は、当該市町村の区域に係る新型コロナウイルス感染症緊急事態措置を的確かつ迅速に実施するため必要があると認めるときは、都道府県対策本部長に対し、当該都道府県の区域に係る新型コロナウイルス感染症緊急事態措置の実施に関し必要な要請をすることができる。

第二節 まん延の防止に関する措置
（感染を防止するための協力要請等）
第四十五条 特定都道府県知事は、新型コロナウイルス感染症緊急事態において、新型コロナウイルス感染症のまん延を防止し、国民の生命及び健康を保護し、並びに国民生活及び国民経済の混乱を回避するため必要があると認めるときは、当該特定都道府県の住民に対し、新型コロナウイルス感染症の潜伏期間及び治癒までの期間並びに発生の状況を考慮して当該特定都道府県知事が定める期間及び区域において、生活の維持に必要な場合を除きみだりに当該者の居宅又はこれに相当する場所から外出しないことその他の新型コロナウイルス感染症の感染の防止に必要な協力を要請することができる。

2 特定都道府県知事は、新型コロナウイルス感染症緊急事態において、新型コロナウイルス感染症のまん延を防止し、国民の生命及び健康を保護し、並びに国民生活及び国民経済の混乱を回避するため必要があると認めるときは、新型コロナウイルス感染症の潜伏期間及び治癒までの期間を考慮して当該特定都道府県知事が定める期間において、学校、社会福祉施設（通所又は短期間の入所により利用されるものに限る。）、興行場（興行場法（昭和二十三年法律第百三十七号）第一条第一項に規定する興行場をいう。）その他の政令で定める多数の者が利用する施設を管理する者又は当該施設を使用して催物を開催する者（次項において「施設管理者等」という。）に対し、当該施設の使用の制限若しくは停止又は催物の開催の制限若しくは停止その他政令で定める措置を講ずるよう要請することができる。

3 施設管理者等が正当な理由がないのに前項の規定による要請に応じないときは、特定都道府県知事は、新型コロナウイルス感染症のまん延を防止し、国民の生命及び健康を保護し、並びに国民生活及び国民経済の混乱を回避するため特に必要があると認めるときに限り、当該施設管理者等に対し、当該要請に係る措置を講ずべきことを指示することができる。

4 特定都道府県知事は、第二項の規定による要請又は前項の規定による指示をしたときは、遅滞なく、その旨を公表しなければならない。

（住民に対する予防接種）

第四十六条 政府対策本部は、新型コロナウイルス感染症緊急事態において、新型コロナウイルス感染症が国民の生命及び健康に著しく重大な被害を与え、国民生活及び国民経済の安定が損なわれることのないようにするため緊急の必要があると認めるときは、基本的対処方針を変更し、第十八条第二項第三号に掲げる重要事項として、予防接種法第六条第一項の規定による予防接種の対象者及び期間を定めるものとする。

2 前項の規定により予防接種法第六条第一項の規定による予防接種の対象者を定めるに当たっては、新型コロナウイルス感染症が国民の生命及び健康に及ぼす影響並びに国民生活及び国民経済に及ぼす長期的な影響を考慮するものとする。

3 第一項の規定により基本的対処方針において予防接種法第六条第一項の規定による予防接種の対象者及び期間が定められた場合における同法の規定の適用については、同項中「都道府県知事」とあるのは「市町村長」と、「行い、又は市町村長に行うよう指示する」とあるのは「行う」と、同条第二項中「都道府県知事」とあるのは「都道府県知事を通じ市町村長」と、同法第二十五条第一項中「市町村（第六条第一項の規定による予防接種については、都道府県又は市町村）」とあるのは「市町村」とする。

4 前項に規定する場合においては、予防接種法第二十六条及び第二十七条の規定は、適用しない。

5 市町村長は、第三項の規定により読み替えて適用する予防接種法第六条第一項の規定による予防接種の円滑な実施のため必要があると認めるときは、指定行政機関の長及び都道府県知事に対して、物資の確保その他の必要な協力を求めることができる。この場合において、協力を求められた指定行政機関の長及び都道府県知事は、正当な理由がない限り、協力を拒んではならない。

6 第三十一条第二項から第五項までの規定は、第三項の規定により読み替えて適用する予防接種法第六条第一項の規定による予防接種について準用する。この場合において、第三十一条第二項から第四項までの規定中「厚生労働大臣及び都道府県知事」とあるのは、「都道府県知事」と読み替えるものとする。

新型コロナウイルス感染症対策の基本的対処方針（抄）
令和2年3月28日（令和2年5月25日変更）

新型コロナウイルス感染症対策本部決定

　政府は、新型コロナウイルス感染症への対策は危機管理上重大な課題であるとの認識の下、国民の生命を守るため、これまで水際での対策、まん延防止、医療の提供等について総力を挙げて講じてきた。国内において、感染経路の不明な患者の増加している地域が散発的に発生し、一部の地域で感染拡大が見られてきたため、令和2年3月26日、新型インフルエンザ等対策特別措置法（平成24年法律第31号。以下「法」という。）附則第1条の2第1項及び第2項の規定により読み替えて適用する法第14条に基づき、新型コロナウイルス感染症のまん延のおそれが高いことが、厚生労働大臣から内閣総理大臣に報告され、同日に、法第15条第1項に基づく政府対策本部が設置された。国民の生命を守るためには、感染者数を抑えること及び医療提供体制や社会機能を維持することが重要である。そのうえで、まずは、後述する「三つの密」を徹底的に避ける、「人と人との距離の確保」「マスクの着用」「手洗いなどの手指衛生」などの基本的な感染対策を行うことをより一層推進し、さらに、積極的疫学調査等によりクラスター（患者間の関連が認められた集団。以下「クラスター」という。）の発生を抑えることが、いわゆるオーバーシュートと呼ばれる爆発的な感染拡大（以下「オーバーシュート」という。）の発生を防止し、感染者、重症者及び死亡者の発生を最小限に食い止めるためには重要である。また、必要に応じ、外出自粛の要請等の接触機会の低減を組み合わせて実施することにより、感染拡大の速度を可能な限り抑制することが、上記の封じ込めを図るためにも、また、医療提供体制を崩壊させないためにも、重要である。あわせて、今後、国内で感染者数が急増した場合に備え、重症者等への対応を中心とした医療提供体制等の必要な体制を整えるよう準備することも必要である。

　既に国内で感染が見られる新型コロナウイルス感染症に関しては、

・肺炎の発生頻度が、季節性インフルエンザにかかった場合に比して相当程度高く、国民の生命及び健康に著しく重大な被害を与えるおそれがあること

・感染経路が特定できない症例が多数に上り、かつ、急速な増加が確認されており、医療提供体制もひっ迫してきていることから、全国的かつ急速なまん延により国民生活及び国民経済に甚大な影響を及ぼすおそれがある状況であることが、総合的に判断されている。

　このようなことを踏まえて、令和2年4月7日に、新型コロナウイルス感染症対策本部長（以下「政府対策本部長」という。）は法第32条第1項に基づき、緊急事態宣言を行った。緊急事態措置を実施すべき期間は令和2年4月7日から令和2年5月6日までの29日間であり、緊急事態措置を実施すべき区域は埼玉県、千葉県、東京都、神奈川県、大阪府、兵庫県及び福岡県とした。また、4月16日に、上記7都府県と同程度に感染拡大が進んでいる道府県として北海道、茨城県、石川県、岐阜県、愛知県、京都府について緊急事態措置

を実施すべき区域に加えるとともに、それ以外の県においても都市部からの人の移動等によりクラスターが各地で発生し、感染が拡大傾向に見られることなどから、人の移動を最小化する観点等より、全都道府県について緊急事態措置を実施すべき区域とすることとした。これらの区域において緊急事態措置を実施すべき期間は、令和2年4月16日から令和2年5月6日までとした。令和2年5月4日に、感染状況の変化等について分析・評価を行ったところ、政府や地方公共団体、医療関係者、専門家、事業者を含む国民の一丸となった取組により、全国の実効再生産数は1を下回っており、新規報告数は、オーバーシュートを免れ、減少傾向に転じるという一定の成果が現れはじめる一方、引き続き医療提供体制がひっ迫している地域も見られ、当面、新規感染者を減少させる取組を継続する必要があったことから、同日、法第32条第3項に基づき、引き続き全都道府県について緊急事態措置を実施すべき区域とし、これらの区域において緊急事態措置を実施すべき期間を令和2年5月31日まで延長することとした。令和2年5月14日には、その時点での感染状況の変化等について分析・評価を行い、後述する緊急事態措置を実施すべき区域の判断にあたっての考え方（以下「区域判断にあたっての考え方」という。）を踏まえて総合的に判断し、同日、法第32条第3項に基づき、緊急事態措置を実施すべき区域を北海道、埼玉県、千葉県、東京都、神奈川県、京都府、大阪府及び兵庫県とする変更を行った。また、令和2年5月21日には、同様に、分析・評価を行い、総合的に判断し、法第32条第3項に基づき、緊急事態措置を実施すべき区域を北海道、埼玉県、千葉県、東京都及び神奈川県とする変更を行った。その後、令和2年5月25日に改めて感染状況の変化等について分析・評価を行い、「区域判断にあたっての考え方」を踏まえて総合的に判断したところ、全ての都道府県が緊急事態措置を実施すべき区域に該当しないこととなった。そのため、同日、政府対策本部長は、緊急事態措置を実施する必要がなくなったと認められることから、法第32条第5項に基づき、緊急事態解除宣言を行うこととする。緊急事態宣言が解除された後は、一定の移行期間を設け、外出の自粛や施設の使用制限の要請等を緩和しつつ、段階的に社会経済の活動レベルを引き上げていくこととなる。その場合において、後述する感染拡大を予防する「新しい生活様式」の定着や、業種ごとに策定される感染拡大予防ガイドライン等の実践が前提となる。また、再度、感染の拡大が認められた場合には、的確な経済・雇用対策を講じつつ、速やかに強い感染拡大防止対策等を講じる必要がある。そのため、引き続き、政府及び都道府県は感染の状況等を継続的に監視するとともに、政府や地方公共団体、医療関係者、専門家、事業者を含む国民が相互に連携しながら、「三つの密」の回避や「人と人との距離の確保」「マスクの着用」「手洗いなどの手指衛生」をはじめとした基本的な感染対策の継続など、感染拡大を予防する「新しい生活様式」を社会経済全体に定着させていく必要がある。事業者において、業種ごとに策定される感染拡大予防ガイドライン等が実践されることも重要である。また、再度、感染が拡大する場合に備える必要がある。新規感染者数の増大に十分対応することができるよう、医療提供体制の維持に向けて万全の準備を進めておく必要があるほか、検査体制の強化、保健所の体制強化及びクラスター対策の強化等に取り組むことが重要である。こうした取組を実施することにより、感染拡大の防止と社会経済活動の維持の両立を持続的に可能としていく。本指針は、国民の生命を守るため、新型コロナウイルス感染症をめぐる状況を的確に把握

し、政府や地方公共団体、医療関係者、専門家、事業者を含む国民が一丸となって、新型コロナウイルス感染症対策をさらに進めていくため、今後講じるべき対策を現時点で整理し、対策を実施するにあたって準拠となるべき統一的指針を示すものである。

一 新型コロナウイルス感染症発生の状況に関する事実

　我が国においては、令和2年1月15日に最初の感染者が確認された後、5月23日までに、合計46都道府県において合計16,375人の感染者、820人の死亡者が確認されている。都道府県別の動向としては、東京都及び大阪府、北海道、茨城県、埼玉県、千葉県、神奈川県、石川県、岐阜県、愛知県、京都府、兵庫県、福岡県の13都道府県については、累積患者数が100人を超えるとともに、感染経路が不明な感染者数が半数程度以上に及んでおり、また直近1週間の倍加時間が10日未満であったことなどから、特に重点的に感染拡大の防止に向けた取組を進めていく必要がある都道府県として、本対処方針において特定都道府県（緊急事態宣言の対象区域に属する都道府県）の中でも「特定警戒都道府県」と位置付けて対策を促してきた。また、これら特定警戒都道府県以外の県についても、都市部からの人の移動等によりクラスターが都市部以外の地域でも発生し、感染拡大の傾向が見られ、そのような地域においては、医療提供体制が十分に整っていない場合も多く、感染が拡大すれば、医療が機能不全に陥る可能性が高いことや、政府、地方公共団体、医療関係者、専門家、事業者を含む国民が一丸となって感染拡大の防止に取り組むためには、全都道府県が足並みをそろえた取組が行われる必要があることなどから、全ての都道府県について緊急事態措置を実施すべき区域として感染拡大の防止に向けた対策を促してきた。その後、令和2年5月1日及び4日の新型コロナウイルス感染症対策専門家会議（以下「専門家会議」という。）の見解を踏まえ、5月上旬には、未だ全国的に、相当数の新規報告数が確認されており、今後の急激な感染拡大を抑止できる程度にまで、新規感染者を減少させるための取組を継続する必要があったことなどから、引き続き、それまでの枠組みを維持し、全ての都道府県について緊急事態措置を実施すべき区域（特定警戒都道府県は前記の13都道府県とする。）として感染拡大の防止に向けた取組を進めてきた。その後、全国的に新規報告数の減少が見られ、また、新型コロナウイルス感染症に係る重症者数も減少傾向にあることが確認され、さらに、病床等の確保も進み、医療提供体制のひっ迫の状況も改善されてきた。

　緊急事態措置を実施すべき区域の判断にあたっては、これまで基本的対処方針においても示してきたとおり、以下の三点に特に着目した上で、総合的に判断する必要がある。

　①感染の状況（疫学的状況）

　　オーバーシュートの兆候は見られず、クラスター対策が十分に実施可能な水準の新規報告数であるか否か。

　②医療提供体制

　　感染者、特に重症者が増えた場合でも、十分に対応できる医療提供体制が整えられているか否か。

　③監視体制

感染が拡大する傾向を早期に発見し直ちに対応するための体制が整えられているか否か。

これらの点を踏まえ、各区域について、緊急事態措置を実施する必要がなくなったと認めるにあたっても、新型コロナウイルス感染症の感染の状況、医療提供体制、監視体制等を踏まえて総合的に判断する（区域の判断にあたっての考え方）。

感染の状況については、1週間単位で見て新規報告数が減少傾向にあること、及び、3月上中旬頃の新規報告数である、クラスター対策が十分に実施可能な水準にまで新規報告数が減少しており、現在のPCR検査の実施状況等を踏まえ、直近1週間の累積報告数が10万人あたり0.5人程度以下であることを目安とする。直近1週間の10万人あたり累積報告数が、1人程度以下の場合には、減少傾向を確認し、特定のクラスターや院内感染の発生状況、感染経路不明の症例の発生状況についても考慮して、総合的に判断する。医療提供体制については、新型コロナウイルス感染症の重症者数が持続的に減少しており、病床の状況に加え、都道府県新型コロナウイルス対策調整本部、協議会の設置等により患者急増に対応可能な体制が確保されていることとする。監視体制については、医師が必要とするPCR検査等が遅滞なく行える体制が整備されていることとする。令和2年5月14日には、以上の「区域判断にあたっての考え方」を踏まえて総合的に判断したところ、北海道、埼玉県、千葉県、東京都、神奈川県、京都府、大阪府及び兵庫県の8都道府県については、直近1週間の累積報告数が10万人あたり0.5人以上であることなどから、引き続き特定警戒都道府県として、特に重点的に感染拡大の防止に向けた取組を進めていくこととなった。また、令和2年5月21日には、同様に、分析・評価を行い、総合的に判断したところ、北海道、埼玉県、千葉県、東京都及び神奈川県の5都道県については、直近1週間の累積報告数が10万人あたり0.5人以上であることなどから、引き続き特定警戒都道府県として、特に重点的に感染拡大の防止に向けた取組を進めていく必要があった。その後、令和2年5月25日に改めて感染状況の変化等について分析・評価を行い、「区域判断にあたっての考え方」を踏まえて総合的に判断したところ、全ての都道府県が緊急事態措置を実施すべき区域に該当しないこととなったため、同日、緊急事態解除宣言が発出された。緊急事態宣言が解除された後も、全ての都道府県において、後述する「（3）まん延防止6）緊急事態宣言解除後の都道府県における取組等」を踏まえ、基本的な感染防止策の徹底等を継続する必要があるとともに、感染の状況等を継続的に監視し、その変化に応じて、迅速かつ適切に感染拡大防止の取組を行う必要がある。また、再度、感染が拡大し、まん延のおそれがあると認められ、緊急事態措置を実施すべき区域とするにあたっては、4月7日時点の感染の状況も踏まえて、令和2年4月7日変更の基本的対処方針で示してきた考え方と基本的には同様の考え方に立ち、オーバーシュートの予兆が見られる場合には迅速に対応することとし、直近の報告数や倍加時間、感染経路の不明な症例の割合等を踏まえて、総合的に判断する。

新型コロナウイルス感染症については、下記のような特徴がある。

・一般的な状況における感染経路の中心は飛沫感染及び接触感染であるが、閉鎖空間において近距離で多くの人と会話する等の一定の環境下であれば、咳やくしゃみ等の症状がなくても感染を拡大させるリスク

があるとされている。また、発症前2日の者や無症候の者からの感染の可能性も指摘されている。一方、人と人との距離を確保することにより、大幅に感染リスクが下がるとされている。

・集団感染が生じた場の共通点を踏まえると、特に①密閉空間（換気の悪い密閉空間である）、②密集場所（多くの人が密集している）、③密接場面（互いに手を伸ばしたら届く距離での会話や発声が行われる）という3つの条件（以下「三つの密」という。）のある場では、感染を拡大させるリスクが高いと考えられる。また、これ以外の場であっても、人混みや近距離での会話、特に大きな声を出すことや歌うことにはリスクが存在すると考えられる。激しい呼気や大きな声を伴う運動についても感染リスクがある可能性が指摘されている。

・これまで、繁華街の接待を伴う飲食店等、ライブハウス、バー、スポーツジムや運動教室等の屋内施設においてクラスターが確認されてきたが、現在では医療機関及び福祉施設等での集団感染が見受けられる状況であり、限定的に日常生活の中での感染のリスクが生じてきているものの、広く市中で感染が拡大しているわけではないと考えられる。

・世界保健機関（World Health Organization: WHO）によると、現時点において潜伏期間は1-14日（一般的には約5-6日）とされており、また、厚生労働省では、これまでの新型コロナウイルス感染症の情報なども踏まえて、濃厚接触者については14日間にわたり健康状態を観察することとしている。

・新型コロナウイルスに感染すると、発熱や呼吸器症状が1週間前後持続することが多く、強いだるさ（倦怠感）や強い味覚・嗅覚障害を訴える人が多いことが報告されている。

・中国における報告（令和2年3月9日公表）では、新型コロナウイルス感染症の入院期間の中央値は11日間と、季節性インフルエンザの3日間よりも、長くなることが報告されている。

・罹患しても約8割は軽症で経過し、また、感染者の8割は人への感染はないと報告されている。さらに入院例も含めて治癒する例も多いことが報告されている。

・重症度としては、季節性インフルエンザと比べて死亡リスクが高いことが報告されている。中国における報告（令和2年2月28日公表）では、確定患者での致死率は2.3％、中等度以上の肺炎の割合は18.5％であることが報告されている。季節性インフルエンザに関しては、致死率は0.00016％-0.001％程度、肺炎の割合は1.1％-4.0％、累積推計患者数に対する超過死亡者数の比は約0.1％であることが報告されている。このように新型コロナウイルス感染症における致死率及び肺炎の割合は、季節性インフルエンザに比べて、相当程度高いと考えられる。また、特に、高齢者・基礎疾患を有する者では重症化するリスクが高いことも報告されており、医療機関や介護施設等での院内感染対策、施設内感染対策が重要となる。上記の中国における報告では、年齢ごとの死亡者の割合は、60歳以上の者では6％であったのに対して、30歳未満の者で0.2％であったとされている。

・日本における報告（令和2年4月30日公表）では、症例の大部分は20歳以上、重症化の割合は7.7％、致死率は2.5％であり、60歳以上の者及び男性における重症化する割合及び致死率が高いと報告されている。

・日本国内におけるウイルスの遺伝子的な特徴を調べた研究によると、令和２年１月から２月にかけて、中国武漢から日本国内に侵入した新型コロナウイルスは３月末から４月中旬に封じ込められた（第一波）一方で、その後欧米経由で侵入した新型コロナウイルスが日本国内に拡散したものと考えられている（第二波）。

・感染症の予防及び感染症の患者に対する医療に関する法律（平成10年法律第114号。以下「感染症法」という。）第12条に基づき、令和２年３月31日までに報告された患者における、発症日から報告日までの平均期間は9.0日であった。

・新型コロナウイルス感染症の感染力を調べた台湾の研究では、新型コロナウイルス感染症は、発症前から発症直後の時期に最も感染力が高く、発症６日目以降は感染力が大きく低下することが示されている。

・現時点では、対症療法が中心であるが、５月７日、レムデシビルが、重症患者に対する治療薬として特例承認された。これ以外のいくつかの既存の候補薬についても、患者の観察研究等が進められている。また、５月13日に、迅速診断用の抗原検査キットが承認されている。なお、現時点ではワクチンが存在しないことから、新型インフルエンザ等対策政府行動計画に記載されている施策のうち、予防接種に係る施策については、本基本的対処方針には記載していない。

・新型コロナウイルス感染症による日本での経済的な影響を調べた研究では、クレジットカードの支出額によれば、人との接触が多い業態や在宅勤務（テレワーク）の実施が困難な業態は、３月以降、売り上げがより大きく減少しており、影響を受けやすい業態であったことが示されている。

・現時点では、新型コロナウイルス感染症は未だ不明な点が多い感染症である。

二 新型コロナウイルス感染症の対処に関する全般的な方針

① 緊急事態宣言が解除された後は、感染拡大を予防する「新しい生活様式」の定着等を前提として、地域の感染状況や医療提供体制の確保状況等を踏まえながら、一定の移行期間を設け、外出の自粛や施設の使用制限の要請等を緩和しつつ、段階的に社会経済の活動レベルを引き上げていく。その際、感染状況は地域によって異なることから、各都道府県知事が適切に判断する必要があるとともに、人の移動があることから、隣県など社会経済的につながりのある地域の感染状況に留意する必要がある。

② 感染拡大を予防する「新しい生活様式」を社会経済全体に定着させていくとともに、事業者に対して業種ごとに策定される感染拡大予防ガイドライン等の実践を促していく。

③ 新型コロナウイルス感染症は、今後も、感染拡大のリスクが存在するため、監視体制の整備及び的確な情報提供・共有により、感染状況等を継続的に監視する。また、感染が拡大する場合に備え、医療提供体制の維持に向けて万全の準備を進めるほか、検査機能の強化、保健所の体制強化及びクラスター対策の強化等に取り組む。

④ 的確な感染拡大防止策及び経済・雇用対策により、感染拡大の防止と社会経済活動の維持の両立を持続的に可能としていく。

⑤ 再度、感染の拡大が認められた場合には、速やかに強い感染拡大防止対策等を講じる。

三 新型コロナウイルス感染症対策の実施に関する重要事項

(1) 情報提供・共有

① 政府は、以下のような、国民に対する正確で分かりやすく、かつ状況の変化に即応した情報提供や呼びかけを行い、行動変容に資する啓発を進めるとともに、冷静な対応をお願いする。

・発生状況や患者の病態等の臨床情報等の正確な情報提供。

・国民にわかりやすい疫学解析情報の提供。

・医療提供体制及び検査体制に関するわかりやすい形での情報の提供。

・「三つの密」の回避や、「人と人との距離の確保」「マスクの着用」「手洗いなどの手指衛生」をはじめとした基本的な感染対策の継続など、感染拡大を予防する「新しい生活様式」の定着に向けた周知。

・室内で「三つの密」を避ける。特に、日常生活及び職場において、人混みや近距離での会話、多数の者が集まり室内において大きな声を出すことや歌うこと、呼気が激しくなるような運動を行うことを避けるように強く促す。飲食店等においても「三つの密」のある場面は避けること。

・業種ごとに策定される感染拡大予防ガイドライン等の実践。

・風邪症状など体調不良が見られる場合の休暇取得、学校の欠席、外出自粛等の呼びかけ。

・感染リスクを下げるため、医療機関を受診する時は、予め電話で相談することが望ましいことの呼びかけ。

・新型コロナウイルス感染症についての相談・受診の考え方をわかりやすく周知。

・感染者・濃厚接触者や、診療に携わった医療機関・医療関係者その他の対策に携わった方々に対する誤解や偏見に基づく差別を行わないことの呼びかけ。

・従業員及び学生の健康管理や感染対策の徹底についての周知。

・家族以外の多人数での会食を避けること。

・今回の対策では、「ロックダウン」(都市封鎖)のような施策は政府として実施しないことを周知し、国民の落ち着いた対応(不要不急の帰省や旅行など都道府県をまたいだ移動の自粛等や商店への殺到の回避及び買い占めの防止)の呼びかけ。

② 政府は、広報担当官を中心に、官邸のウェブサイトにおいて厚生労働省等の関係省庁のウェブサイトへのリンクを紹介するなどして有機的に連携させ、かつ、ソーシャルネットワーキングサービス(SNS)等の媒体も積極的に活用することで、迅速かつ積極的に国民等への情報発信を行う。

③ 政府は、民間企業等とも協力して、情報が必ずしも届いていない層に十分な情報が行き届くよう、丁寧な情報発信を行う。

④ 厚生労働省は、感染症の発生状況やクラスターの発生場所、規模等について迅速に情報を公開する。

⑤ 外務省は、全世界で感染が拡大していることを踏まえ、各国に滞在する邦人等への適切な情報提供、支援を行う。

⑥　政府は、検疫所からの情報提供に加え、企業等の海外出張又は長期の海外滞在のある事業所、留学や旅行機会の多い大学等においても、帰国者への適切な情報提供を行い、渡航の是非の判断・確認や、帰国者に対する2週間の外出自粛の要請等の必要な対策を講じるよう周知を図る。

⑦　政府は、国民、在留外国人、外国人旅行者及び外国政府への適切かつ迅速な情報提供を行い、国内でのまん延防止と風評対策につなげる。また、政府は、日本の感染対策や感染状況の十分な理解を醸成するよう、諸外国に対して情報発信に努める。

⑧　地方公共団体は、政府との緊密な情報連携により、様々な手段により住民に対して地域の感染状況に応じたメッセージや注意喚起を行う。

⑨　都道府県等は、厚生労働省や専門家と連携しつつ、積極的疫学調査により得られた情報を分析し、今後の対策に資する知見をまとめて、国民に還元するよう努める。

⑩　政府は、今般の新型コロナウイルス感染症に係る事態が行政文書の管理に関するガイドライン（平成23年4月1日内閣総理大臣決定）に基づく「歴史的緊急事態」と判断されたことを踏まえた対応を行う。地方公共団体も、これに準じた対応に努める。

【参考5】
新型コロナウイルス感染症緊急事態宣言の実施状況に関する報告（令和2年6月）

第1はじめに

　新型インフルエンザ等対策特別措置法の一部を改正する法律案に対する附帯決議において、「四特定都道府県知事及び特定市町村長並びに指定公共機関及び指定地方公共機関は、新型インフルエンザ等緊急事態措置を実施したときは、遅滞なく、その旨及びその理由を政府対策本部長に報告すること。政府対策本部長は、報告を受けた事項を取りまとめ、緊急事態宣言の実施状況について、適時に国会に報告すること。」（令和2年3月11日衆議院内閣委員会）及び「五特定都道府県知事及び特定市町村長並びに指定公共機関及び指定地方公共機関は、新型インフルエンザ等緊急事態措置を実施したときは、遅滞なく、その旨及びその理由を政府対策本部長に報告すること。政府対策本部長は、報告を受けた事項を取りまとめるとともに、緊急事態宣言の実施状況について、適時に国会に報告すること。」（令和2年3月13日参議院内閣委員会）とされている。

　本報告は、両附帯決議に基づき、令和2年4月7日から令和2年5月25日までの期間における、新型コロナウイルス感染症緊急事態宣言の実施状況についてまとめたものである。

第2 新型コロナウイルス感染症緊急事態宣言に係る経緯等

1 新型コロナウイルス感染症緊急事態宣言（令和2年4月7日発出）

令和2年4月7日に、新型インフルエンザ等対策特別措置法（平成24年法律第31号。以下「特措法」という。）第32条第1項の規定に基づき、新型コロナウイルス感染症（同法附則第1条の2第1項に規定する新型コロナウイルス感染症をいう。以下同じ。）に関する緊急事態が発生した旨を宣言した。緊急事態措置を実施すべき期間を、令和2年4月7日から5月6日までとし、緊急事態措置を実施すべき区域を、埼玉県、千葉県、東京都、神奈川県、大阪府、兵庫県及び福岡県の7都府県とした。

2 新型コロナウイルス感染症緊急事態宣言の区域変更（令和2年4月16日発出）

令和2年4月16日に、緊急事態措置を実施すべき区域に、40 道府県を追加し、緊急事態措置を実施すべき区域を全都道府県とした。

このうち、北海道、茨城県、埼玉県、千葉県、東京都、神奈川県、石川県、岐阜県、愛知県、京都府、大阪府、兵庫県及び福岡県の13都道府県については、「新型コロナウイルス感染症対策の基本的対処方針 」（令和2年3月28日新型コロナウイルス感染症対策本部決定。令和2年4月16日変更。）において、特に重点的に感染拡大の防止に向けた取組を進めていく必要がある「特定警戒都道府県」とした。

3 新型コロナウイルス感染症緊急事態宣言の期間延長（令和2年5月4日発出）

令和2年5月4日に、緊急事態措置を実施すべき期間を5月31日まで延長し、緊急事態措置を実施すべき区域を、引き続き全都道府県とした。

4 新型コロナウイルス感染症緊急事態宣言の区域変更（令和2年5月14日発出）

令和2年5月14日に、緊急事態措置を実施すべき区域を、北海道、埼玉県、千葉県、東京都、神奈川県、京都府、大阪府及び兵庫県の8都道府県とした。

5 新型コロナウイルス感染症緊急事態宣言の区域変更（令和2年5月21日発出）

令和2年5月21日に、緊急事態措置を実施すべき区域を、北海道、埼玉県、千葉県、東京都及び神奈川県の5都道県とした。

6 新型コロナウイルス感染症緊急事態解除宣言（令和2年5月25日発出）

令和2年5月25日に、緊急事態措置を実施する必要がなくなったと認めたため、特措法第32条第5項の規定に基づき、緊急事態が終了した旨を宣言した。

第3 新型コロナウイルス感染症緊急事態宣言の実施状況

1 特定都道府県

各都道府県は、新型コロナウイルス感染症のまん延の防止等のため、新型インフルエンザ等緊急事態措置等を実施した。各都道府県において、特措法の規定に基づき、実施した措置の内容は、以下のとおりである。

根拠条文 (特措法)	措置内容	実施都道府県	備考
第24条 第7項	都道府県警察及び都道府県の教育委員会に対する措置の求め	埼玉県・大阪府 (計2府県)	・都道府県の教育委員会に対し、都道府県立学校の休業等を求めたもの ・都道府県警察に対し、詐欺事件等に対する広報啓発活動の強化等を求めたもの等
第24条 第9項	①催物の開催制限等の協力要請 ②外出の自粛の協力要請	全都道府県 青森県・岩手県・宮城県・山形県・福島県・栃木県・富山県・福井県・山梨県・静岡県・三重県・滋賀県・奈良県・和歌山県・鳥取県・島根県・岡山県・徳島県・香川県・愛媛県・高知県・佐賀県・熊本県・大分県・鹿児島県 (計25県)	
	③施設の使用制限等の協力要請	北海道・秋田県・茨城県・群馬県・埼玉県・千葉県・東京都・神奈川県・新潟県・石川県・長野県・岐阜県・愛知県・京都府・大阪府・兵庫県・広島県・山口県・福岡県・長崎県・宮崎県・沖縄県 (②＋20の45都道府県)	
第24条 第9項	その他の感染の防止に必要な協力要請等	全都道府県	マスク着用、咳エチケット、手洗い、うがい等の基本的な感染対策の実践等
第45条 第1項	外出の自粛の協力要請	全都道府県	
第45条 第2項 ～第4項	施設の使用制限等の要請及び公表 (第2項・第4項)	北海道・宮城県・茨城県・栃木県・群馬県・埼玉県・千葉県・東京都・神奈川県・新潟県・石川県・長野県・愛知県・京都府・大阪府・兵庫県・鳥取県・島根県・広島県・山口県・福岡県 (計21都道府県)	
	施設の使用制限等の指示及び公表 (第3項・第4項)	千葉県・神奈川県・新潟県・兵庫県・福岡県 (計5県)	
第48条 第1項	臨時の医療施設	北海道・神奈川県・石川県・福井県・愛知県・長崎県・沖縄県 (計7道県)	病院等の医療施設が不足し、臨時の医療施設を開設したもの
第52条 第2項	水の安定的な供給	水道事業者等 (注) である都道府県	都道府県行動計画で定めるところにより、水を安定的かつ適切に供給したもの

(注) 水道事業者等とは、水道法 (昭和32年法律第177号) 第3条第5項に規定する水道事業者、同項に規定する水道用水供給事業者及び工業用水道事業法 (昭和33年法律第84号) 第2条第5項に規定する工業用水道事業者をいう。

2 特定市町村

　各市町村は、新型コロナウイルス感染症のまん延の防止等のため、新型インフルエンザ等緊急事態措置等を実施した。各市町村において、特措法の規定に基づき、実施した措置の内容は、以下のとおりである。

根拠条文 （特措法）	措置内容	実施市町村	備考
第34条 第1項	市町村対策本部の設置	全市町村	
第36条 第7項	都道府県対策本部長に対する要請	千葉県千葉市・千葉県木更津市・千葉県野田市・千葉県茂原市・千葉県市原市・千葉県君津市・千葉県一宮町・千葉県睦沢町・千葉県長生村・千葉県白子町・千葉県長柄町・千葉県長南町・島根県松江市 （計7市5町1村）	・都道府県対策本部長に対して、施設に対する使用制限の要請等を行うよう要請したもの ・都道府県対策本部長に対して、施設に対する積極的疫学調査の実施に関する協力要請を行うよう要請したもの
第52条 第2項	水の安定的な供給	水道事業者等（注）である市町村	市町村行動計画で定めるところにより、水を安定的かつ適切に供給したもの

3 指定公共機関及び指定地方公共機関

指定公共機関及び指定地方公共機関は、特措法第47条（医療等の確保）、第52条（電気及びガス並びに水の安定的な供給）及び第53条（運送、通信及び郵便等の確保）の規定に基づき、それぞれの業務計画で定めるところにより、業務を適切に実施するために必要な措置を講じた。

参考図書一覧

- 山本芙未『弁護士のための新法令紹介 Vol.363　新型インフルエンザ等対策特別措置法（自由と正義 2012 年 11 月号）』日本弁護士連合会

- 中野明安『新型インフルエンザ等対策特別措置法改正法と企業の押さえるべきポイント（NBL No.1167 2020 年 4 月 1 日）』至誠堂書店

- 津田彰、石橋香津代『行動変容（日本保健医療行動科学会雑誌 34（1））』

- 『経済辞典』有斐閣

- L・ランダル・レイ著、島倉原監訳、鈴木正徳訳『MMT 現代貨幣理論入門』東洋経済新報社

- 中野明『図解ポケット MMT（現代貨幣理論）のポイントがよくわかる本』秀和システム

- 井上智洋『MMT 現代貨幣理論とは何か』講談社

- 可児滋『ハイブリッド・ファイナンス事典』金融財政事情研究会

- 北野淳史、緒方俊亮、浅井太郎『バーゼルⅢ自己資本比率規制 国際統一／国内基準告示の完全解説』金融財政事情研究会

- 後藤慎吾『適格機関投資家等特例業務の実務』中央経済社

- 鬼頭朱美、箱田晶子、藤本幸彦『投資ストラクチャーの税務「九訂版」』税務経理協会

- 葭田英人（編著）、金城満珠男、酒井健太郎、内田光（著）『合同会社の法制度と税制「第三版」』税務経理協会

- 宮田房江、香取雅夫、五十嵐一徳（編著）『日本版 LLP 実務ハンドブック　設立・運営・会計・税務から他の投資ビークルとの比較まで』商事法務

- 川田剛『日本版 LLP・LLC の理論と税務　多様な事業体のすべて』財務詳報社

- 根田正樹、矢内一好（編）『合同会社・LLP の法務と税務』学陽書房

- 石綿学、須田徹『日本版 LLP の法務と税務・会計』清文社

- ファンド法務税務研究会『Q&A 投資事業有限責任組合の法務・税務（改訂版）』税務経理協会

- 永沢徹『第 7 版／ SPC& 匿名組合の法律・会計税務と評価　投資スキームの実際例と実務上の問題点』清文社

- 公益財団法人日本証券経済研究所『図説日本の証券市場 2020 年版』公益財団法人日本証券経済研究所

- 小林和子（監修）『日本証券史資料 戦前編 第 7 巻 上場会社（二）・株式市場の歴史）日本証券経済研究所

共同執筆者一覧

はじめに　　株式会社IPOC 代表取締役 公認会計士・税理士　河本高希

第1章　　　薩摩公認会計士事務所 所長 公認会計士　薩摩嘉則

　　　　　　弁護士法人大江橋法律事務所 パートナー 弁護士　平野惠稔

第2章　　　薩摩公認会計士事務所 所長 公認会計士　薩摩嘉則

　　　　　　株式会社IPOC 代表取締役 公認会計士・税理士　河本高希

第3章　　　薩摩公認会計士事務所 所長 公認会計士　薩摩嘉則

　　　　　　中村清誉税理士事務所 所長 税理士　中村清誉

　　　　　　弁護士　小瀬隆文

　　　　　　IFA　水田哲嗣

第4章　　　薩摩公認会計士事務所 所長 公認会計士　薩摩嘉則

第5章　　　薩摩公認会計士事務所 所長 公認会計士　薩摩嘉則

　　　　　　IFA 水田哲嗣

第6章　　　弁護士法人大江橋法律事務所 パートナー 弁護士　佐藤俊

　　　　　　オフィスコ税理士法人 代表税理士　香本和也

　　　　　　みらい證券株式会社 代表取締役社長　上島健史

　　　　　　IFA　水田哲嗣

　　　　　　薩摩公認会計士事務所 所長 公認会計士　薩摩嘉則

おわりに　　薩摩公認会計士事務所 所長 公認会計士　薩摩嘉則

Profile

株式会社IPOC

2018年12月、非上場企業の資金調達に関するプロフェッショナルサービスを提供する専門家集団として設立。コンサルティング、会計アウトソーシング、IPO支援、デューデリジェンス等の各種サービスを提供している。各種専門家と連携し、非上場企業向けに経済・経営に関する情報やノウハウを提供することも業務の一環として位置付けている。代表取締役は河本高希氏（公認会計士、税理士、公認情報システム監査人）。

薩摩公認会計士事務所

所長の薩摩嘉則氏（公認会計士）は1984年大阪大学経済学部経済学科を卒業後、84年に監査法人中央会計事務所に入所。91年㈱ジャフコ（当時は野村證券子会社）出向を経て、93年に薩摩公認会計士事務所を設立。現在はそのほかにタイガースポリマー㈱社外監査役、監査法人彌榮会計社代表社員、I&H㈱取締役、一般社団法人調剤薬局運営研究会理事、アドバイザリーボード㈱代表取締役を兼任。

ウィズコロナ社会における経済と経営

2020年9月4日 初版発行

著　　　者　　IPOC、薩摩公認会計士事務所
発 行 者　　古川 猛
発 行 所　　東方通信社
発　　　売　　ティ・エー・シー企画
　　　　　　　〒101-0054 東京都千代田区神田錦町1-14-4 東方通信社ビル4階
　　　　　　　TEL：03-3518-8844
　　　　　　　FAX：03-3518-8845
　　　　　　　www.tohopress.com
定　　　価　　1500円＋税
発　　　行　　東方通信社
装　　　丁　　豊田秀夫
印刷・製本　　シナノ印刷